本书得到东北财经大学"基于资本流动视角的美国金融冲击对中国的影响研究"（2017241）资助

国际协调背景下的
中国货币政策选择

Guoji Xietiao Beijingxia De Zhongguo Huobi Zhengce Xuanze

贺铟璇　著

中国社会科学出版社

图书在版编目（CIP）数据

国际协调背景下的中国货币政策选择/贺钢璇著．—北京：中国社会科学出版社，2018.10
ISBN 978 - 7 - 5203 - 3182 - 1

Ⅰ.①国…　Ⅱ.①贺…　Ⅲ.①货币政策—研究—中国
Ⅳ.①F822.0

中国版本图书馆 CIP 数据核字（2018）第 214972 号

出 版 人	赵剑英	
责任编辑	卢小生	
责任校对	周晓东	
责任印制	王　超	

出　　版	中国社会科学出版社	
社　　址	北京鼓楼西大街甲 158 号	
邮　　编	100720	
网　　址	http://www.csspw.cn	
发 行 部	010 - 84083685	
门 市 部	010 - 84029450	
经　　销	新华书店及其他书店	

印　　刷	北京明恒达印务有限公司
装　　订	廊坊市广阳区广增装订厂
版　　次	2018 年 10 月第 1 版
印　　次	2018 年 10 月第 1 次印刷

开　　本	710×1000　1/16
印　　张	11
插　　页	2
字　　数	173 千字
定　　价	50.00 元

摘　　要

全球化、一体化是当今世界经济的主要特征。随着对外贸易在全球经济总产出中的比重和国际资本流动规模的增长，经济开放国家的经济增长越来越依赖于全球经济情况。全球化趋势对货币政策赖以操作的金融环境产生了强大的作用，进而对各国中央银行提出了严峻的挑战。既然货币政策越来越受到全球化的影响，作为一国货币政策制定者，中央银行就必须从全球化角度去重新审视货币政策的调控框架，将基于国内的需求管理上升到基于全球的需求管理，从基于国内的政策设计上升到基于全球的政策设计。

在全球化需求管理下，货币政策的调控变得更复杂、更广泛、更困难，一国的中央银行必须正视货币政策的国际协调问题。一方面，国内的政策必须考虑到经济开放的影响，货币政策既要维持经济的内部均衡，又要保证经济的外部均衡。不同的货币政策工具在实现内外均衡时的效率不同，不同的政策搭配也会产生不一样的效果。另一方面，政策的国际协调也变得越来越重要。在封闭经济的条件下，由于资本、商品、劳动力等要素不能自由流动，因此，一国的货币政策不会有溢出效应，同时本国的货币政策也很少受到外国实施的货币政策的影响。但是，事实上，完全封闭的经济是不存在的，经济全球化、金融全球化大大加强了各国宏观经济之间的联系，各国的货币政策存在明显的相互影响。一个经济对外开放的国家在制定货币政策时必须考虑到本国的政策会对外国的货币政策产生哪些影响，国外的货币政策又会对本国的经济产生哪些影响。

本书首先界定了研究的范畴，从货币政策国际协调的相关概念出发，明确了货币政策国际协调概念的界定以及与相关概念的联系和区别。其次分析了货币政策国际协调的前提条件、货币政策国际协调的目标、货币政策国际协调的内容、货币政策国际协调的形式、货币政策国际协调的模式以及货币政策国际协调的原则。从中央银行的角度，为了做出正确的决策，本书也从成本收益的角度对货币政策国际协调进行了分析。本书系统地梳理和总结了货币政策国际协调理论的发展及研究的现状。从米德的相互依存理论入手，介绍了蒙代尔—弗莱明—多恩布什模型、新开放经济宏观经济学模型以及哈马达模型、两国博弈模型等，并对货币政策国际协调方案理论、货币政策的逆效合作理论进行了分析和评价。

本书结合理论和实证研究，对来自美国的货币政策冲击是否会对中国经济产生影响、产生何种影响、影响的趋势以及传递机制进行了研究，主要得出了以下结论：

（1）美国的货币政策对中国的产出存在溢出效应，但这种效应主要是一种短期的影响，集中在前 3 个月，在 3—8 个月的时间里，脉冲值围绕 0 上下波动；而在 8 个月之后，基本上没有影响。从影响方向看，美国的货币政策对中国产出是一种负向的影响，即紧缩的货币政策会带来中国产出的短暂增加，宽松的货币政策会带来中国产出的短暂减少。

（2）美国货币政策对中国的通货膨胀水平存在溢出效应。当美国实施紧缩的货币政策时，中国的通货膨胀水平会上升，这种上升在前 3 个月达到峰值，之后就逐月下降，但是，这种正的影响在长期一直存在。

（3）美国货币政策冲击通过政策渠道传导溢出效应，这里的政策渠道有两层含义，分别是美国货币政策对中国货币政策的影响以及中国货币政策的自主性。本书的研究显示，美国的货币政策对中国的利率有正向的影响，脉冲值在 4 个月达到顶峰，在 10 个月后基本稳定。从影响的方向来看，美国货币政策溢出效应的影响是正向的，即美国加息，中国也会随之加息。美国货币政策冲击对中国的货币供给量也存在正向的影响，脉冲值在 7 个月达到顶峰。这意味着当美国实施紧缩的货币政策时，我国的货币供应量反而是上升的。对中国货币政策自主性的检验结果发现，虽然中国实行的是以货币供应量为中介目标的货币政策操作策略，但对货币供应量的控制力并不强。中央银行的国内净资产变动的波动率和国外净资产变动的波动率之间负的相关性在大幅度提高，我国中央银行的货币政策很大程度上是对美国货币政策的一种被动调整。

（4）美国货币政策冲击通过贸易渠道传导溢出效应。美国货币政策的冲击对中国的进口存在一个正向的影响，维持期达到了 16 个月。在存在影响的 16 个月中，脉冲值虽然呈现出一个下降的趋势，但波动是比较剧烈的。从影响的方向来看，美国的货币政策对中国的出口存在正向的影响，在美国扩张性货币政策的刺激下，中国的出口会减少；在美国紧缩的货币政策刺激下，中国的出口会增加。来自美国货币政策影响的峰值出现在第 4 个月，然后呈现波动下降趋势，维持期达到了 20 个月。美国的货币政策对中国的净出口产生一个先负向后正向的影响，负向的影响维持期为 3 个月，3 个月之后的影响就是正向的。美国的货币政策调整会影响中国的净出口，其紧缩的货币政策在 3 个月内会使中国的净出口减少，而 3 个月后会使中国的净出口增加。

（5）美国的货币政策冲击通过资产价格渠道传导溢出效应。美国货币政策会对中国的资产价格产生一个负向的影响，即美国紧缩的货币政策会导致中国资产价格收益率的下降，而美国宽松的货币政策则会导致中国资产价格收益率的上升。这种影响的维持期限大约为 20 个月，峰值出现在第 3 个月。

（6）在三种影响渠道中，美国货币政策冲击对政策渠道的影响最大，其次是资产价格渠道，最后是贸易渠道。在贸易渠道中，美国货币政策的冲击对出口的影响又大于对进口和净出口的影响。

关键词：货币政策　国际协调　溢出效应

目　录

第一章　货币政策国际协调问题的提出 ……………………… 1

第二章　货币政策国际协调的基本框架 ………………………… 5

第一节　基本概念的界定 ………………………………… 5

第二节　货币政策国际协调的前提 …………………… 7

第三节　货币政策国际协调的目标 …………………… 8

第四节　货币政策国际协调的内容 …………………… 10

第五节　货币政策国际协调的实施方案 …………… 15

第六节　货币政策国际协调的原则 …………………… 17

第七节　货币政策国际协调的成本和收益 ………… 19

第三章　国际协调理论的发展 ………………………… 23

第一节　相互依存理论 ………………………………… 23

第二节　蒙代尔—弗莱明—多恩布什模型 ………… 24

第三节　新开放经济宏观经济模型 …………………… 26

第四节　基于博弈论的货币政策协调理论 ………… 28

第五节　关于未来协调方案的理论 …………………… 37

第六节　国际货币政策的逆效合作理论 …………… 44

第四章　我国进行货币政策国际协调必要性的理论分析 ……… 49

第一节　基于中国经济开放度的分析 ……………… 49

第二节　基于蒙代尔—弗莱明模型的分析 ………… 55

第三节 基于不可能三角理论的分析 ···················· 62

第四节 极度宽松货币政策背景下的货币政策国际协调
需求 ·· 68

第五章 我国进行货币政策国际协调必要性的实证分析
——基于美国货币政策溢出效应的检验 ··········· 71

第一节 研究方法、模型设立与数据来源 ·················· 72

第二节 美国货币政策对中国经济溢出效应存在性检验 ······ 76

第三节 溢出效应的渠道检验 ······························· 85

第四节 实证研究结论 ···································· 110

第六章 货币政策国际协调安排和中国货币政策国际协调的
实践 ··· 112

第一节 货币政策国际协调安排 ························· 112

第二节 中国货币政策国际协调的实践 ················· 126

第七章 政策建议 ·· 136

第一节 加强汇率政策和利率政策之间的协调 ············· 136

第二节 加强中美两国货币政策的国际协调 ··············· 140

第三节 积极改善货币政策国际协调的国内环境 ·········· 144

第四节 提高参与货币政策国际协调的能力 ··············· 145

第五节 积极参与区域货币政策协调 ····················· 147

第六节 充分重视货币政策国际协调与经济主权的关系 ····· 152

第七节 货币政策国际协调在宽松政策退出背景下的
思考 ··· 155

参考文献 ··· 157

第一章 货币政策国际协调问题的提出

全球化、一体化是当今世界经济的主要特征。在这个全球经济加速融合的时代，国际贸易日益重要，但是，贸易发展却存在不平衡性；国际资本流动的规模巨大，分布的结构却在发生变化，风险也在持续增加；在国际经济活动中，新兴市场国家的力量越来越强大，美国的国际地位虽然面临挑战，但依然是全球化的主导者；全球化也促使国际货币体系发生变化。全球化趋势既对货币政策赖以操作的金融环境产生了巨大的作用，也对一国的货币政策产生了重要的影响，因而各国中央银行面临着严峻的挑战。

全球化使货币政策运行的环境更为复杂。随着对外贸易在全球经济总产出中的比重和国际资本流动规模的增长，经济开放国家的经济增长越来越依赖于全球的经济运行情况。在这样的背景下，开放国家经济运行的情况要依赖于全球宏观经济状况的变化，全球经济也进入了各国中央银行关注的视野。在全球化背景下，外部经济主要是通过贸易和金融渠道对一国的国内经济产生影响的。在贸易方面，全球化通过改变一国进出口商品的价格和数量来对国内的需求、价格等变量产生影响。在金融领域，跨境的资本流动也改变了一国国内经济主体的资金需求状况。资金需求者不再只依赖国内资金，也可以利用多种金融工具在全世界的范围内进行融资；资金供给者也不再只依赖国内的经济环境，可以在世界范围内进行投资。资金的国际流动，信用活动范围的扩大，使一国宏观经济环境的不确定性和复杂性增加。同时，在当今的全球化格局下，各国的货币政策还面临着一个重要的难题，就是全球经济失衡问题。当前，作为全球化主导国家的美国，拥有巨大的贸易赤字。美国的巨额赤字意味着其必须从其他国家大量进口储蓄。而中国作为全球高储蓄率的代表国家，成为美国最大的债权国，大量地为美国的经常项目赤字融资。但是，如果这一资本流动的趋势难以为继，美国的贸易保护主义势力抬头，美元贬值将不可避免，全球经济将面临长期的衰退可能。因此，各国的中央银行在制定货币政策时，必须具有全球视野，考虑全球经济的发展趋势以及全球经济失衡的变化方向。

全球化使货币政策的传导机制受到了严重的影响。从货币政策传导机制出发，无论是利率机制、信用机制还是汇率机制都不可避免地受到全球化的影响。首先，以利率传导机制为例。在全球化背景下，国内资产和国外资产之间存在替代效应，资本可以跨越国境自由流动，这些因素使国内的利率水平，尤其是长期利率水平更多地受到国际市场的影响，而非本国货币市场的影响。也就是说，货币政策的利率传导渠道受到破坏，长期利率对短期利率的变化不再敏感。中央银行可以通过在货币市场上调控短期利率，实现自己的货币政策，但如果长期利率并不随之发生变化，那么货币政策对经济的实际影响就会大大减弱。其次，对于信贷传导机制而言，由于国外贷款的存在，对一国国内的银行贷款产生了一定程度的替代性，而国外的银行受到国内货币政策的影响较小，全球化弱化了货币政策的信贷传导。最后，货币政策的汇率传导机制、财富传导机制和股票价格传导机制都可能受到金融创新和全球化的影响，中央银行的货币政策操作既具有复杂性，也具有挑战性。

既然货币政策越来越受到全球化的影响，那么作为一国货币政策制定者的中央银行就必须从全球化角度去重新审视货币政策的调控框架，将基于国内的需求管理上升到基于全球的需求管理，从基于国内的政策设计上升到基于全球的政策设计。但是，在全球化的需求管理下，货币政策的调控变得更加复杂、更加广泛、更加困难，因此，一国的中央银行将必须正视货币政策的国际协调问题。

一方面，国内的政策必须要考虑到经济开放的影响，货币政策既要维持经济的内部均衡，还要保证经济的外部均衡。不同的货币政策工具在实现内外均衡时的效率不同，不同的政策搭配也会产生不一样的效果，这就是本书将要研究的狭义的货币政策国际协调。另一方面，政策的国际协调也变得越来越重要。在封闭经济条件下，由于资本、商品、劳动力等要素不能自由流动，因此，一国的货币政策不会有溢出效应，同时本国的货币政策也很少受到外国实施的货币政策的影响。但是，事实上，完全封闭的经济是不存在的，经济全球化、金融全球化大大加强了各国宏观经济之间的联系，各国的货币政策存在明显的相互影响。一个经济对外开放的国家在制定货币政策时就必须考虑到本国的政策将对外国的货币政策产生哪些影响，国外的货币政策又会对本国的经济产生哪些影响，这就是本书将要研究的广义的货币政策国际协调。

对中国而言，自从改革开放以来，中国经济的开放水平不断提升。尤其是 20 世纪 90 年代至今，贸易总额、利用外资总额都呈现出了稳定增长的良好局面。2010 年，以对外贸易额占 GDP 比重衡量的中国实体经济部门的开放度已经达到 51%。金融部门的对外开放度也日益扩大。对外依存度的提高使中国经济和世界经济的共振程度不断增强，但是应该看到，全球化在推动中国经济较快增长的同时，也带来了一些不稳定因素，如国际游资、国际石油价格、国外的通货膨胀水平等，在这些外部冲击中，国外的货币政策冲击是其中的一个重要方面。这就要求我们在全球化趋势加强和中国经济崛起的背景下研究货币政策的国际协调，充分认识国际协调对中国货币政策实施的影响，积极寻求在货币政策国际协调的框架下扩大人民币的国际影响，实现最大的国家利益。具体来说，研究货币政策国际协调框架下的中国选择，具有理论和现实的双重意义。

从理论意义上讲，对货币政策协调理论的研究最早可以追溯到20 世纪 60 年代的经济相互依存理论。相互依存理论认为，在全球经济紧密联系的背景下，任何两个国家的经济之间都是有联系的，

都是相互依存的。因此，两个国家的政府需要进行货币政策的国际
协调。货币政策的传导机制一直是宏观经济学研究中的一个重要问
题，特别是在开放经济条件下，一国货币政策的跨国传导机制和溢
出效应受到国内外多个方面因素的影响，是一个存在争议的重要研
究课题。伴随着国际经济理论的发展，研究两国之间的经济关系以
及货币政策协调的理论成果比较丰富，但是，在有关中国和他国经
济互动的问题上，一直没有一套系统的理论和模型。中国和发达市
场经济国家的情况有些不同，比如中国在资本流动上面有很多的管
制，虽然近年来管制在不断地放开，但是，出于国家经济安全的考
虑，未来对热钱的管制还将长期存在。这就决定了如果我们运用理
论研究中国的货币政策国际协调问题就必须采用符合中国现实的假
设条件。另外，对这一问题的深入分析，也有助于揭示外国货币政
策冲击对中国宏观经济波动的影响规律。

从现实意义上讲，随着中国经济对外开放的不断深入和加入世
界贸易组织的过渡期结束，中国的经济正在加速融入世界经济之
中，中国的经济与世界经济之间的联系达到，前所未有的紧密程
度。在这样的背景下，来自外部的货币政策冲击对中国宏观经济运
行的影响就越来越重要，特别是在当前国际金融危机的背景下，这
一研究的现实意义显得更为突出。本书以现实的经济数据为导向，
就美国货币政策对中国产出和物价溢出效应的存在性、传导渠道等
问题进行了实证检验，得出的结论对于货币政策制定和调控有重要
的现实意义。在明确了美国货币政策对中国产出和物价溢出效应方
向和传导渠道后，当美国货币政策进行调整时，中国就可以有针对
性地采取相应的政策措施，实现国内的政策意图。

第二章 货币政策国际协调的基本框架

在开放经济背景下，一国经济不可能再孤立于世界经济之外，国际经济的紧密联系对每个国家的经济运行都产生了深远的影响。货币政策作为政府调控宏观经济的重要措施，必然受到国际经济的影响，货币政策的国际协调概念也就应运而生。在对货币政策的国际协调问题进行研究之前，我们有必要对相关的概念进行界定，以明确本书的研究范围，同时，对相关的内容进行梳理也有助于形成一个完整的货币政策国际协调框架体系。

第一节 基本概念的界定

一 货币政策

理论界对货币政策的定义从不同的角度出发口径也不尽相同，形成了货币政策的广义范围和狭义范围。《银行与金融百科全书》中对货币政策的定义属于广义范畴，定义为："货币政策就是在经济中与货币供给或货币使用有关的政策。"《新帕尔格雷夫货币金融大辞典》中的定义偏向狭义范畴，定义为："货币政策一词，是中央银行在追求可维持的实际产出增长、高就业和物价稳定所采取的用以影响货币和其他金融环境的措施。"我国的理论界对货币政策的传统定义与上面的提法基本一致，黄达认为，货币政策的广义范畴包括政府、中央银行和其他有关部门所有有关货币方面的规定和所采取的影响货币数量的一切措施。而货币政策狭义的范畴是指中央银行为实现既定的经济目标，运用各种工具调节货币供给和利率，进而影响宏观经济的方针和措施的总和。[1] 艾洪德认为，货币政策是中央银行为实现既定的宏观经济目标而采取的各种控制和调节货币供应量以及利率的方针和措施的总和。[2]

以上界定属于货币政策最传统、最基本的概念，近年来，一些学者将汇率引入了货币政策的定义中，如黄泽民、何泽荣、王广谦等都认为，货币政策是指中央银行为实现一定的经济目标，运用各种手段和工具影响货币数量和价格（利率、汇率），从而影响整个宏观经济运行的系统。本书同意将汇率政策引入对货币政策的定义，对货币政策的研究应该包含对汇率政策的研究。原因在于，在开放经济下，汇率不仅影响一国的对外经济关系，也同样影响一国的国内经济。中央银行的货币供给过程不仅与国内的货币市场相关，同时也与外汇市场相关。同样，中央银行的政策目标也不仅是单一市场的均衡，而应该是考虑到多个市场的一般均衡。完整的货币政策体系要素应该包含货币数量政策、利率政策和汇率政策。

二 货币政策的国际协调

30 国集团在 1988 年对货币政策的国际协调做出了以下界定：各国充分考虑国际经济联系，有意识地以互利的方式调整各自的货币政策的过程。经济学家瓦里奇将国际协作从高到低分为协调、调和、合作和协商四种形式。其中，协调是最高级别的国际协作，代表两国之间的政府已经认可了相互之间的经济依存度，并且愿意采取措施进行协调。反映在货币政策上就成为货币政策的国际协调。

货币政策的协调可以划分为三个不同的层次：第一个层次的协调是货币政策的内部协调，即货币数量政策、利率政策和汇率政策之间的协调。第二个层次的协调是货币政策与其他国内政策的协调，即货币政策与财政政策、外贸政策、产业政策等的协调。第三

---

[1] 黄达：《货币银行学》，中国人民大学出版社 1998 年版，第 348 页。

[2] 艾洪德、范立夫：《货币银行学》，东北财经大学出版社 2005 年版，第 312 页。

个层次的协调是货币政策的国际协调，即一个国家的货币政策与其他国家货币政策之间的协调。本书对货币政策国际协调的定义为：各国为了实现特定的宏观经济目标，调整自己的货币政策，干预和调控彼此之间的经济活动的过程。从本书对货币政策的定义可知，本书研究的货币政策国际协调既包括第一个层次的内部协调，也包括第三个层次的外部协调。

货币政策国际协调可以根据主体所处的地缘特征和对全球经济的影响力分为双边货币政策国际协调、多边货币政策国际协调、区域性货币政策国际协调和全球性货币政策国际协调。

与货币政策的国际协调有关的另一个概念是国际经济政策协调，或者也叫作国际政策协调。不同的学者对国际经济政策协调的界定不尽相同，但有一个共同的特征，就是都强调国际政策协调是在相互依存的宏观经济环境中，为了共同福利的最大化，由相关国家或组织达成的共同承诺，通过贸易政策、货币政策、财政政策等"一揽子"调整措施，对宏观经济政策进行调整、修正和干预。由此可知，货币政策的国际协调是国际经济协调的一个子集。

第二节　货币政策国际协调的前提

货币政策国际协调的一个重要前提就是在存在较高的经济依存度的国家之间，才需要进行协调。在封闭的经济环境中，由于一国与外界不会发生利益冲突，当然，就不需要进行货币政策协调。而在开放经济中，一个国家的经济与世界经济紧密相连，互相影响，冲突在所难免，就会产生了货币政策合作协调的需求。

国际货币基金组织对相互依存的定义反映了相互依存的基本特征，从动态角度描述了相互依存，即其他国家发生的事情将对一国的经济运行产生影响，同时一国能够做的和将要做的事情在一定程度上依赖于其他国家的行动和政策。① 哈佛大学库珀教授对相互依存进行了系统、深入的研究，他认为，相互依存是指一国经济发展与国际经济之间的敏感反应关系，主要包括三个方面的内容：首先是经济结构上的相互依存，若干个国家之间的经济高度开放，一个国家的经济事件就会剧烈地影响到其他国家。其次表现为经济目标上的相互依存，也就是说，若干个国家之间会共享一些经济目标，单一国家经济目标的实现要依赖于其他国家，如国际收支均衡的实现就需要多方共同的努力。最后表现为国家政策手段之间的依存，也就是说，一个国家最佳政策的实现要同时取决于国内环境和国外环境。

货币政策国际协调的第二个前提就是国家的经济地位。也就是说，经济主体的经济特征，小国和小国之间是不需要协调的，同理，小国和大国之间也不具备协调的基础，因为小国的经济政策很难对大国产生影响，同时小国和大国在货币政策协调的成本和收益方面也很难达成公平一致的定义。

货币政策国际协调的另一个前提是协调的结果是一种帕累托改进，也就是说，双方或多方的协定至少要在不损害其他方的基础上使一方或多方收益。实践中，众多学者发现，协调的收益并没有理论上说的那样好，收益和成本的问题也是影响货币政策国际协调的一个重要问题。相关内容在本章的后面将会进行详细的阐述。

第三节　货币政策国际协调的目标

货币政策国际协调的目标的实现是一国实施协调策略的基本动力，现实中的国际协调目标表现出了复合单一的特征，既有终极目标也有近期目标，既有战略性目标也有战术性目标。

---

① 国际货币基金组织：《金融与发展》，1984 年 3 月号，第 28 页。

第一，促进经济增长，实现国家福利增加。经济增长和福利增加是各国进行货币政策的国际协调中终极、最具有战略意义的目标，也是各国政府进行货币政策国际协调的根本目的。实践中，为了实现这一目标，各国政府采取了多种形式的措施，货币政策的国际协调只是其中的一个部分。因此，在货币政策的国际协调过程中，要遵循的一个硬性原则就是任何可能出现的经济下滑都必须是短暂的，如果参与国不能从国际协调中获得战略利益，协调就会丧失动力，最终瓦解。

第二，维持汇率稳定。保持汇率的相对稳定常常是货币政策国际协调的直接目标。汇率的波动对各国的经济都会产生重大影响，各国都不希望汇率出现剧烈频繁的波动。另外，当今世界上，国际贸易是当今经济发展的一个重要的牵引力量，同时，国际资本流动能够大幅提高资源的配置效率。各国都十分重视利用贸易和资本流动来促进本国经济的有效发展。这就需要各国保持稳定的汇率环境，保证金融市场的正常运行。但是，现实中影响汇率的因素是十分复杂的，既包括经济发展本身中的长期因素，也包括外汇市场中的一些偶然性因素。因此，各国为了维持汇率的稳定，既包括长期性的战略调整，也包括短期性的市场干预，这两种手段都需要在国际上进行协调的。

第三，控制通货膨胀。在全球化经济一体化的大趋势下，一个国家要依靠自己的力量维持币值，控制通货膨胀是很困难的，国际资本流动对物价的冲击是不可避免的，特别是在开放的经济环境中，保持汇率的稳定和控制通货膨胀就更难以平衡。因此，在国际范围内加强货币政策的协调就成为控制通货膨胀的重要手段之一。

第四，保证充分就业。在各国政府的货币政策目标中，保证就业水平是一项十分重要的工作，无论其是出于选举还是社会稳定的考虑。在全球经济一体化的今天，保证充分就业在移民和劳动力大量跨境流动的背景下，也越来越需要进行国际协调。

第四节　货币政策国际协调的内容

货币政策国际协调包括目标协调和手段协调两个方面，图2-1概括出了货币政策国际协调的基本内容。

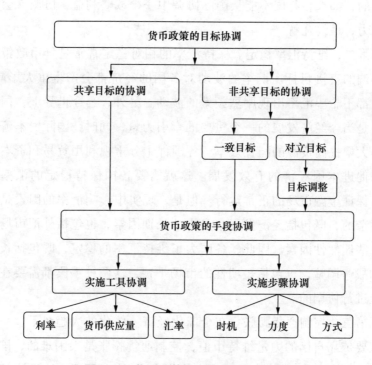

图2-1　货币政策国际协调的内容框架

一　货币政策的目标协调

根据以库珀为代表的经济学家的研究，货币政策的国际协调主要包括货币政策的目标协调、共享目标的协调和非共享目标的协调即协调成员国各自的目标三个方面。

（一）共享目标的协调

在相互依存的国际经济关系中，当一种负的外部冲击出现时，所产生的非均衡会对多个国家产生影响。基于共享目标的协调是货币政策国际协调中最重要的一项内容，各国的共享目标是一直存在的，只是具有时变的特征，在不同的历史时期，有不同的共享目标。例如，无通货膨胀的经济增长是各国的共享目标，但是，这一目标却是很难实现的。菲利普斯曲线意味着经济增长率和物价上涨率之间存在相互替代的关系。① 菲利普斯曲线在国际范围内也是同样成立的，因此，货币政策国际协调的共享目标或者是更偏重经济增长或者是更偏重治理全球通货膨胀，共享目标虽然总是存在的，但不同的世界经济形势下却不尽相同。在汇率问题上，共享目标仍然具有时变的特征。不同的历史时期，各国对汇率的稳定机能和调节机能的诉求是不同的。例如，在贸易严重不平衡或者资本流动严重不平衡时，相关国家可能希望汇率发挥它的调节作用，会选择汇率变化的水平。相反，如果为了促进世界范围内的贸易健康发展，资本流动畅通无阻，相关国家又会希望汇率能够稳定。但是，汇率的调节功能和稳定功能是不能够同时实现的，变动过大需要稳定，过于稳定又需要调节，因此，共享目标总是存在的。

（二）非共享目标的协调

在各国的非共享目标中，有一致目标，也有对立目标。以一致目标为例，由菲利普斯曲线可知，各国中央银行都只能追求一个适当的通货膨胀和经济增长的组合。虽然各国的这一目标不冲突，但是，各国采取不同的政策手段，在相互依存的经济环境中，却会对他国产生不容忽视的影响。以 1992 年的欧洲货币危机为例，从一定意义上说，它就是由于货币政策没有及时协调造成的。当时欧洲的经济形势不太乐观，意大利、英国、芬兰等国家的经济已经显示出了衰退的势头，迫切希望降低利率以刺激本国经济的发展，同时希望降低汇率以促进贸易对经济的拉动。但是，在欧洲货币体系中占

---

① 菲利普斯曲线的原始表述为失业率与货币工资变化率之间存在替代关系，萨缪尔森和索洛的研究将原始表述中的货币工资变化率替换成了物价上涨率，奥肯的研究将失业率转换成了经济增长率。

有重要地位的德国，"为了治理国内的通货膨胀而提高了利率水平，决定把贴现率提高 0.75 个百分点，由 8% 提高到 8.75%。德国马克的利率由此达到了 20 世纪 30 年代以来的最高水平，而美元的利率却处于 20 世纪 60 年代以来的最低水平，形成了 6.5 个百分点的利差"。① 在此情况下，坚挺的马克更具吸引力，投资者为了获得更多的红利，理所当然地投资马克，加剧了美元的颓势，也导致了英镑和里拉等弱势货币一再贬值。而这些被冲击的国家又受欧洲货币汇率机制中心汇率的限制，只能提高利率，保持同马克的汇率不至于跌破汇率机制规定的浮动下限，金融风暴的冲击不仅危害了欧洲货币体系，德国自身的经济也深受其害。因此，对于一些不冲突的货币政策非共享目标，各个国家采取不同的政策手段仍然可能会产生冲突，需要及时有效地进行货币政策的国际协调。

非共享目标中还有一类是不可两立的冲突目标，最典型的就是追求贸易收支顺差。在国际经济交往中，一个国家的顺差必然意味着其他国家的逆差，如果各国都追求顺差，这一目标是不可能同时实现的，除非国际贸易为零。因此，对这类冲突的目标，各国应该积极进行货币政策协调，目标是大幅顺差的国家应该积极调整自身的经济结构，从出口导向型向内需导向型转变。汇率问题也是这样，汇率作为两种货币的兑换比率，如果两个国家都希望货币贬值，那么这一目标也是互相冲突的并且是不可能实现的。各国为了货币贬值所采取的货币政策措施不会有好的结果。因此，很多对立的、冲突的目标，需要各国积极地进行目标调整。

二　货币政策的手段协调

货币政策的目标决定了货币政策的取向，货币政策的国际协调在目标协调的基础上对具体的货币政策工具选取以及货币工具运用的步骤进行协调。

---

① 邢天才：《20 世纪金融大危机》，山西财经出版社 2010 年版，第 36 页。

（一）实施工具协调

在确定了共同目标之后，首先要明确的是各国所采取的政策工具是否能够促进共同目标的实现。在国际协调的背景下，要求各国能够采取与共同目标一致的政策手段。例如，当各国协调的共同目标是汇率稳定时，如果一个国家变更了政策手段，采取了货币贬值以刺激经济增长，那么相关国家也许就会选择竞争性的货币贬值，共同目标就难以实现。另外，货币供应量、利率和汇率之间存在密切的内部联系，因此，对货币工具的选择也往往不是单一工具的协调，而是数量型与价格型政策的综合协调。

（二）实施步骤协调

宏观经济目标对货币政策的敏感性不同，因此，货币政策的效果要取决于实施过程中对政策运用时机、力度以及方式的把握。货币政策要想达到更好的效果，就必须使总供给和总需求曲线的位移与社会可接受的幅度一致，货币政策运用的方式能够被微观的经济主体所接受。货币政策实施的这一特点要求在国际协调过程中各个成员国要重视货币政策的实施步骤，重视相互之间在实施力度和方式上的把握。

研究表明，货币政策的效应与切入点有密切的关联。"当货币政策效应使总供给、总需求曲线移动与国民经济发展走势曲线移动基本吻合，始终围绕经济走势曲线上下波动时，货币政策的目标实现程度一般较高，对社会震动较小。"虽然货币政策通常具有明显的"逆风向"特征，但是，由于货币政策效应与产品、产业调整之间存在时间差异，因此，政策效应曲线（这里可以把它理解为总供给、总需求曲线）基本与国民经济发展走势曲线相符。当货币政策效应使总供给、总需求曲线的移动明显偏离国民经济宏观走势曲线，甚至出现"剪刀差"时，货币政策的目标实现程度一般较低，对社会带来的震动也较大。这时的货币政策，不仅难以促进国民经济稳定、健康发展，而且会影响到世界其他经济体。因此，在货币政策的国际协调中，有关各方都较为重视一国或一个经济体准备采取的货币政策的时间切入点，重视货币政策的实施期限。

在国际范围内，对货币政策实施时间的协调，目的是使各国货币政策作用于全球经济体系时，各协调国的利益保持一致，阻止、调整一国或一个经济体贸易产品及资本对其他国家或经济体可能带来的超过一定数量界限的负面冲击，使本国或本利益集团的利益不受伤害或少受伤害。在国际经济活动中，这种时机选择上的协调不乏其例。

在货币政策的实施过程中，有可能会出现未实现预定目标就中止的现象，原因之一可能在于货币政策实施的力度超过了社会能够承受的能力。在货币政策的国际协调框架下，力度不适当表现为政策的实施力度超过了国际社会能够接受的弹性范围。成熟完善的货币政策国际协调选择的实施力度应力求避免国际社会的一致不满和共同干预。因此，货币政策国际协调要充分重视实施力度的选择，将重点放在政策实施后货币指标与宏观经济变量的变动幅度上。然而，货币政策实施力度的把握仍然是十分困难的，实施力度适当是一个模糊且有弹性的相对概念，不同国家经济结构的弹性不同导致对货币政策实施力度的要求也不尽相同，从这个意义上说，货币政策实施力度的协调属于不断进行的动态的追踪协调。

当一个国家的货币政策以牺牲他国利益为前提实施时，当一国不适当的货币政策有可能会对国际金融体系和全球经济的发展产生重大的负面影响时，当一国的货币政策会阻碍经济全球化和金融市场一体化的步调时，国际社会往往都会对该国的货币政策进行干预。干预的方式主要有两种：分别是道义劝告和直接干预。道义劝告是在尊重别国货币主权的前提之下进行，道义劝告的干预方式必须适度地使用，使被劝告国能够调整自身的货币政策，达到国际社会的要求。直接干预的方式则表现为直接采用经济化的手段，有时甚至是政治手段，引导或者迫使他国主动调整货币政策。

第五节　货币政策国际协调的实施方案

货币政策的国际协调一般有三种形式，分别是峰会磋商、建立国际协调组织和临时性的多边或双边协调。其中，峰会磋商是指各国的首脑就重大的国际经济金融问题进行货币政策的协调。这种方式主要用于解决一些重大的战略问题，针对特定时期的经济形势达成货币政策的协调决议。建立国际协调组织是一种定期磋商协调机制，主要针对一定时间内出现的利益集团的冲突，协调各成员国货币政策的目标与实施步骤。在货币政策的国际协调领域，临时性的多边或双边协调是最常见的方式。针对重大的突发事件，各参与国提出货币政策的调整方案，以使突发事件的负面效应降到最低。

货币政策国际协调主要有两种模式，分别是规则协调和随机协调。这两种协调模式各有利弊，分别适用于不同经济依存度的国家。

一　规则协调

规则协调也叫制度性协调，是指所有参与协调的国家在一致认可的国际制度基础上就货币政策协调达成协议。这里的国际制度是指一系列反映了主体的原则规范、决策程序以及保证主体遵守制度机制的条文和默契，实践中的制度安排既可以表现为依托条约和协议构成的，如经济合作与发展组织（OECD）、国际货币基金组织（IMF）、世界贸易组织（WTO）等，也可以是不成文的暗含的非正式的默契，如第二次世界大战之后的美日、美加关系等。

以规则为基础的协调模式就是建立在各种制度的基础上的，如金本位制度、布雷顿森林制度和欧洲货币制度等。在这些制度的安排之下，规则的存在替代了对货币政策协调的公开磋商。同时，规则协调也往往需要一个超国家的国际性组织对规则的执行进行监督和管理。

　　规则协调的优势在于：对于参与货币政策国际协调的各参与国而言，具有一定的约束力和强制力，在规则的作用下，各个参与国能够保证合作协调处于连续运行的轨道之上。尤其当协调集团面临的是突发的外部冲击时，规则性的协调能够保证及时有效地应对危机，优势比较明显。但是，规则性的协调模式也存在一定的弊端，那就是在规则的强有力的约束之下，协调参与国的货币政策独立性将受到很大影响，参与国中央银行实施稳定的货币政策的空间将受到很大的限制，甚至有的时候规则性的货币政策协调也会和一个国家的经济主权产生冲突。可以说，规则协调对货币政策独立性和经济主权的影响是国际货币政策协调的最主要障碍。

　　二　随机协调

　　随机协调，又叫作相机协调或政策最优协调，是指针对某些特定的经济情况，通过谈判博弈的方式达成的政策协调，与规则协调模式不同，随机协调模式中不存在对参与国应采取何种措施的规定规则，同时持续的时间也相当有限。随机协调达成的过程也是不断地谈判博弈的一个复杂过程，最终目标是通过这样的过程使具有自利特征的个体能够通过集体行动来实现自身福利水平的帕累托改进，即自身的福利水平在不降低他国利益的情况下获得提高。或者是在集体行动中降低由于负面的外部冲击造成的损失水平，即通过集团协调使政策协调参与国在不降低他国福利的基础上实现自身损失的降低，当然，这也是一种帕累托改进。随机协调是布雷顿森林体系崩溃之后，全球最主要的货币政策协调模式，也是全球主要经济体在首脑会议、中央银行行长会议上所寻求实现的目标。如典型的七国集团模式，在布雷顿森林体系崩溃后的20世纪70年代中期以来，七国集团每年都会举行集会，每次集会最重要的议题就是讨论经济问题，协调各个成员国的宏观经济政策，其中货币政策和贸易问题同时被称为七国会议永恒的主体，每次集会参与国都会就货币政策的协调、外汇市场等金融领域议题进行探讨。

　　随机协调模式同样既有优点也有缺点。其最大的优点就在于灵活性，可以在不同的经济条件下，就广泛意义上的问题进行磋商协调，能够有效地应对非对称性冲击。同时，随机协调也缓解了协调同一国货币政策当局在实施货币政策独立性上的冲突，货币政策当局可以在需要协调的时候才去寻求合作。但是，随机协调的缺点也是十分明显的，那就是随机协调方案的可行性和可信度较低。随机协调实质上就是相关国家的一个复杂的博弈过程，谈判的过程必然会产生大量的成本，由于缺乏有效的约束机制，"搭便车"现象就无法避免，在这样的情况下，随机协调就缺乏连续性的基础。另外，随机协调的协议缺乏明确的准则，在实施的过程中会有较大的不确定性。参与国要面临这样一种风险，从而在公众看来，由于其不能形成协调持续的有效心理预期，必然会影响货币政策协调的效果。

从以上分析我们可以看出，规则协调和随机协调的货币政策协调模式都各有利弊，并不存在一个绝对优的协调模式。具体来说，各个国家在进行货币政策是否协调的决策时，都是出于自身利益最大化原则，无论选择哪一种协调模式，参与国考虑的都是通过该种方式进行协调的成本与收益，只有收益大于成本，协调才有可能达成，而一旦成本大于收益，那么协调就无从谈起。

第六节　货币政策国际协调的原则

国家间的合作要求双方必须遵守一定的基本原则，只有这样，才能保证国际协调合作的顺利展开。根据历史经验和现实状况，各参与国在进行国家间的合作时，要在互相尊重主权和领土完整、互不侵犯、互不干涉内政、平等互利、和平共处等原则的基础上，建立一个和平、稳定、公正、合理的国际新秩序。在货币政策领域的国际协调过程中，同样有一些基本原则需要坚持，这些原则与四项基本原则的含义是一致的，除此之外，还包括一些能够保证国际协作顺利进行的经济原则。具体来说，包括以下五项基本原则。

一　平等与互相尊重原则

在具体的国际货币政策协调过程中，各参与国家的经济水平、世界影响、政治地位以及发展水平都是不同的，因而各参与国在具体的协调过程中，也很难平均地分配成本和收益。世界是多样性的，各参与国之间存在种种差异。国与国之间理应互相尊重，求同存异，平等相待，友好相处。因此，在具体的协调过程中，要充分体现现代经济关系中最重要的一项原则，即各参与国对其他国家主权和国格的尊重。

二　公平和公正原则

本书前面的分析提到过协调只要达到一种帕累托改进，才能真正的有实施的土壤，而始终坚持公平和公正的国际协调原则，正是实现帕累托改进的基础，也是货币政策国际协调过程中必须遵循的原则。但是，也应该充分认识国际协调中的公平和公正，这是一种相对的形式，绝对的公正和公平是不存在的，不是在协调过程中所有的成本和收益都平均分配才是公平。在国际协调过程中，成本和收益是不能够精确衡量的，因此，绝对的公平和公正是无法实现的，我们在协调过程中遵循的相对公平是一种次优目标，与经济世界中基本的客观事实符合。

三　协调收益增进原则

在经济意义的层面上，货币政策的国际协调要达到增进参与国协调利益的目的，参与国才会基于自身的利益最大化，参与到经济政策协调中来。也正因为如此，协调收益增进原则是货币政策国际协调过程中最重要的一个基本原则。每个参与国在进行国际协调决策时，要考虑的就是协调的成本和收益，只有协调使自身的福利水平能够获得增加，协调能比不协调创造更大的收益，各参与国都能在国际协调中获得好处，协调才具备实施的现实基础。当然，协调过程的收益和成本具有动态性、战略性，并且不易具体度量，因此，各参与国在进行国际协调决策时要充分考虑这一特征，用长远的战略性的眼光来思考，才能做出最优的决策。

四　利益合理分配原则

协调收益增进原则实际上就是通过国际协调行为把收益的"蛋糕"做大，这是国际协调最基本的经济要求。但是，共同利益的增大并不意味着个体利益都会增大，也就是说，协调的结果有可能出现希克斯改进。一旦希克斯改进出现，那么就意味着有一方通过协调降低了自身的福利，那么在自身福利最大化的目标下，这一方就会退出政策的协调过程，从而使整个协调集团的利益受到损害。因此，为了保证货币政策国际协调的顺利实施和进行，必须遵循利益合理分配的原则，避免希克斯改进的出现，保证协调集团的各个参与国都能分享到协调的利益，都能较不协调地获得福利水平的增进。

五　补充和挽救原则

货币政策国际协调的过程是十分复杂的，本书前面的分析指出，只有达到帕累托改进，协调才会具有可行性与可持续性。但是，现实的情况可能并不如此乐观，具体协调的过程并不能总是保证帕累托改进的出现。希克斯改进意味着作为总体而言，协调集团的收益获得了改进，但是却使一部分参与国的利益增大，而一部分参与国的利益受损。如何看待这样一种希克斯改进也是国际货币政策协调过程中需要面对的问题，总体而言，希克斯改进也是一种改进，只要配合一定的补救措施，对协调收益和协调成本进行再分配，那么希克斯改进配合协调后的补充和挽救措施也同样能够达到一种帕累托最优状态。

第七节　货币政策国际协调的成本和收益

货币政策的协调主体在进行相关决策时需要对协调的成本和收益进行分析，只有权衡利弊总和，全面综合地分析成本和收益，才能做出正确的决策。货币政策国际协调的成本和收益在合作和不合作的状态下是不同的，以下分别予以分析。

一　合作背景下货币政策国际协调的成本和收益

（一）国际货币政策协调的收益（R）

合作背景下货币政策国际协调的收益有两个组成部分，分别是经济收益（R_e）和政治收益（R_p）。其中，经济收益通常也被称为短期收益，是指一国在参与货币政策国际协调中所能够得到的经济上的利益。经济收益有直接经济收益和间接经济收益之分，其中，直接经济收益（R_e^d）是那些因为参加了协调而使本国经济不再恶化，甚至好转而直接增加的国民财富，它可以用本国经济增长与世界经济增长率之差来衡量。[①] 间接经济收益（R_e^i）通常是以优惠贷款、技术支持等形式存在，是参与协调的其他国家或者国际组织对参与国的一种额外的补偿。事实上，很多国际组织成立的初衷就是为了积极有效地推进国际合作，因此，如国际货币基金组织（IMF）、世界银行（WB）、世界贸易组织（WTO）等国际组织都会为积极参与协调的国家提供经济支持和技术援助。

国际货币政策协调的政治收益是指参与国在货币政策协调中获得的包括以国际形象改善、国际地位提高、国际社会广泛赞誉和加入国际组织为形式的政治收益。在亚洲金融危机期间，中国政府坚持人民币不贬值的国际协调政策得到了国际社会的广泛认可，可以说是获得了较大的政治收益。

综上所述，在合作背景下，参与国货币政策国际协调的收益可以用式（2-1）表示，即参与国货币政策国际协调的收益包括直接经济收益、间接经济收益和政治收益。

$$R = R_e^d + R_e^i + R_p \qquad (2-1)$$

（二）国际货币政策协调的成本（C）

在货币政策的国际协调领域，也是存在成本的。合作背景下的

---

① 韩贵新、肖强：《国际货币政策协调的成本收益分析》，《南京师范大学学报》2006年第1期，第67页。

成本主要表现在经济领域，即经济成本 C_e。经济成本中也一样可以划分为直接经济成本 C_e^d 和间接经济成本 C_e^i。其中，直接经济成本主要是由于参与货币政策国际协调必然会造成本国货币政策的改变，如果国际协调的货币政策不是最优政策，就会给本国经济的发展带来负面影响，比如经济增长迅速下降。间接经济成本主要是指在参与货币政策国际协调的各方需要为协调、谈判、博弈等一系列过程所支付的成本。主要体现在五个方面：一是信息收集过程产生的成本。为了达成最优的决策，各参与国都会收集相关的经济金融信息，这个过程必然会产生费用。二是评估协调政策效果的成本。这一项成本是十分庞大的，因为在实施协调的货币政策之前，货币当局需要对即将实施的政策会对经济产生何种影响进行系统的评估。评估政策实施的效果本身就十分不易，跨国的政策评估可以说就更是难上加难。三是各个货币政策协调参与国达成一致的成本。各参与国对经济运行的看法存在差异，采用的经济模拟系统也大大不同，因此要想达成一致，各参与国都认为自己能获得收益需要付出成本。四是执行协调的货币政策的成本。货币政策的国际协调代表着集团行动比单个国家各自为政更能带来利益，而这一作用发生的前提就是协调的货币政策能够获得公众的支持，能够改变公众的预期。政策准确、及时地传达给公众的过程成本也是不可避免的。五是实施合作的成本。货币政策国际协调中存在"搭便车"问题，在需要各参与国联合行动时，每个国家都面临一定程度的"搭便车"动力，即分享其他国家调整的收益而不付出成本。如果这种道德风险一旦发生，各参与国都会选择不再合作，从而使国际协调失去达成的基础。因此可以想象，无论是在随机协调模式下的国际协调还是规则模式下的国际协调，都要求对联合行动进行实时有效的监督管理。而这一过程同样会产生成本。

综上所述，合作背景下的货币政策国际协调的成本可以用式（2-2）表示，即成本由直接经济成本和间接经济成本两部分组成。

$$C = C_e^d + C_e^i \qquad\qquad (2-2)$$

结合式（2-1）和式（2-2），我们可以就货币政策国际协调的净利润进行分析，当 R > C 时，协调的收益大于成本，货币政策的国际协调具备实施的基础；当 R < C 时，协调的成本大于收益，货币政策国际协调的可行性较低。

二 不合作背景下货币政策国际协调的成本和收益

（一）国际货币政策协调的收益（R′）

在不合作的框架下，收益只有经济收益，且只有其中的直接经济收益部分，即：

$$R' = R_e^d \qquad\qquad (2-3)$$

（二）国际货币政策协调的成本（C′）

不合作情况下，成本由经济成本（C_e）和政治成本（C_p）两部分组成。其中，经济成本又可以划分为直接经济成本（C_e^d）和间接经济成本（C_e^i）。其中，直接经济成本来源于其他国家因为其不参与国际货币政策协调所采取的经济制裁措施，如对拒绝协调的国家征收较高的关税、实施严厉的贸易限制等。间接经济成本来源于他国和国际组织减少或者取消对不合作国家的经济和技术扶持。至于政治成本则主要来源于不协调造成的本国国际形象的下降、国际地位的降低和国际话语权的部分丧失。

综上所述，不合作背景下，货币政策国际协调的成本可用式（2-4）表示，即成本由直接经济成本、间接经济成本和政治成本构成。

$$C' = C_e^d + C_e^i + C_p \qquad\qquad (2-4)$$

结合式（2-3）和式（2-4），我们可以就货币政策国际协调的净利润进行分析，当 R′ > C′ 时，协调的收益大于成本，货币政策的国际协调具备实施的基础；当 R′ < C′ 时，协调的成本大于收益，货币政策国际协调的可行性较低。

第三章　国际协调理论的发展

世界经济的相互依存在全球一体化的趋势下不断增强，在此背景下，任何一个国家的经济波动都有可能迅速地传递到其他国家。在货币政策领域，这种国与国之间的政策影响也是存在的。在开放经济的环境中，各个国家在经济目标、经济结构以及经济政策上都存在相互依存，而且政策的外在溢出效应越来越明显，一国为了保证内外均衡目标的实现，不能孤立地制定政策，国际货币政策的协调变得十分紧迫和必要，各国都需要通过国际协调来实现帕累托效率。

第一节　相互依存理论

对于货币政策的国际协调问题，最早的研究出自米德（Meade，1951）。米德在他的著作《国际收支》中指出，开放经济中的内外均衡矛盾导致在制定宏观经济政策时常常会与政策目标发生冲突，而这种冲突需要通过政策的国际协调来解决。库珀（Cooper，1969）最早提出了相互依存理论，为货币政策国际协调的理论发展奠定了基础。相互依存理论诞生之后，也经历了一个不断发展的过程。相互依存理论认为，相互依存促进了贸易的迅速发展，资本流动的自由化，使资源在世界范围内进行了更为有效的配置，为整个世界经济的发展带来了很多好处。但是，国家间越来越大的相互依存性也大大降低了国内经济政策的有效性，增加了一国的货币政策向他国的溢出效应。在相互依存的环境中，一国制定的内外均衡的货币政策要依赖于其他国家的政策、行动以及反应。因此，一国独立的政策的自主权在减少，政策的效力也难以预测。库珀在研究中还提出了货币政策的溢出效应和溢入效应，其中，溢出效应是指一国货币政策不仅仅会影响到本国经济的运行，还会通过各种途径影响到其他国家，而相应的他国的货币政策影响到本国的经济就是货币政策的溢入效应。

在这样的背景下，货币政策的国际协调就变得十分重要甚至不可或缺，如果不慎重地考虑货币政策的国际协调，就会严重影响一国的货币政策的最终实施效果。之后，随着博弈论和计量经济学的发展，货币政策的国际协调理论也不断地向前发展。当前，就分析的理论框架而言，主要形成了三种基本的理论，分别是蒙代尔—弗莱明—多恩布什模型（MFD 模型）、新开放经济宏观经济模型（NOEM 模型）和基于博弈论的货币政策协调理论。

第二节　蒙代尔—弗莱明—多恩布什模型[①]

蒙代尔—弗莱明—多恩布什模型（MFD 模型），是对蒙代尔（Mundell，1963）、弗莱明（Fleming，1962）和多恩布什（Dornbusch，1976）在凯恩斯理论的基础上所建立的宏观经济理论分析框架的简称。蒙代尔—弗莱明模型（MF 模型）在 IS—LM 模型的基础上，融入了国际收支均衡，研究了在不同汇率制度、不同资本流动条件下一国实现内外经济均衡的政策搭配问题，是开放经济条件下宏观经济的均衡分析模型。多恩布什对 MF 模型进行了拓展，引入了汇率超调理论。MFD 模型是开放经济条件下分析宏观经济的重要

---

① 莫瑞斯·奥布博斯特菲尔德、肯尼斯·罗戈夫：《高级国际金融学教程》，中国金融出版社 2002 年版，第 560—586 页。

理论模型。

一个标准的用于分析两国经济的 MF 模型是由一组方程构成的，在这个模型分析框架下，可以分析一国宏观经济政策是如何从一国传导到另一个国的。它由两个国家组成，每一个国家只生产一种可贸易产品，并且是另一个国家的不完全替代品。该模型的前提假设是两国之间资本完全自由流动，如果该假设条件改变，结果也随之发生改变。

$$M/P = L(i,\ Y) \tag{3-1}$$

$$M^*/P^* = L(i^*,\ Y^*) \tag{3-2}$$

$$Y = A(i,\ Y) + T(Q,\ Y,\ Y^*) + G \tag{3-3}$$

$$Y^* = A(i^*,\ Y^*) + T^*(1/Q,\ Y,\ Y^*) + G^* \tag{3-4}$$

$$i = i^* \tag{3-5}$$

$$P = W/MP_L \tag{3-6}$$

$$P^* = W^*/MP_L^* \tag{3-7}$$

$$W = W_0 P_0^\lambda \tag{3-8}$$

$$W^* = W_0^* P_0^{\lambda^*} \tag{3-9}$$

$$P_c = f(P,\ SP^*) \tag{3-10}$$

$$P_c^* = f^*(P^*,\ 1/SP) \tag{3-11}$$

式中，M 表示货币需求，P 表示价格水平，M/P 表示实际货币需求，i 表示利率，S 表示名义汇率，SP^*/P 表示实际汇率，Y 表示收入水平，$L(i,\ Y)$ 表示利率和收入的函数，A 表示国内私人部门吸收或支出，T 表示贸易差额或称净出口，G 表示政府支出，Q 表示实际汇率，W 表示名义工资率，MP_L 表示边际产量，p_0' 表示各工资是实际工资和价格水平的函数关系，P_c 表示消费者物价指数，W_0 为实际工资率。其中，带 $*$ 的表示外国变量。

MF 模型涵盖了商品市场、货币市场和资本市场三个市场，这 11 个方程表示了两国这三个市场均达到均衡关系。式（3-1）和式（3-2）表示两国货币的均衡条件，式（3-3）和式（3-4）表示两国总需求，式（3-5）表示资本完全自由流动下的利率平价条件，式（3-6）至式（3-11）表示两国工资和价格之间的关系。

第三节 新开放经济宏观经济模型[①]

奥布斯特菲尔德和罗戈夫（Obstfeld and Rogoff，1995）开创性地将垄断竞争和名义价格黏性纳入动态一般均衡模型中，并建立了分析经济主体的微观基础。之后，基于这种分析方法研究国际宏观经济问题的成果层出不穷，被统称为"新开放经济宏观经济学"。

新开放经济宏观经济的标准模型框架是一个两国经济模型，所有居民是在（0，1）上连续分布的，其中，（0，n）在本国，其他的在外国。模型采用货币进入效用函数的方法将货币直接整合进模型，休闲和产出呈负相关关系，所以，产出以负效用的形式纳入个体的偏好，于是个体的终身效用函数就和个体消费指数、持有的货币余额以及产出相关，具体形式如下：

$$U_t = \sum_{s=t}^{\infty} \beta^{s-t} \Big[\frac{C_s^{1-\rho}}{1-\rho} + \frac{\chi}{1-\varepsilon} \Big(\frac{M_s}{P_s} \Big)^{1-\varepsilon} - \frac{k}{\gamma} y_s(z)^{\gamma} \Big] \quad (0 < \beta < 1)$$

$$(3-12)$$

式（3-12）是一个典型的国内代理人 j 的跨时效用函数。其中，变量 C 是一个实际消费函数，具体形式为：$C_t^j = \Big[\int_0^1 C_t^j(z)^{\frac{\theta-1}{\theta}} dz \Big]^{\frac{\theta}{\theta-1}}$，其中，$C^j(z)$ 表示本国第 j 个人对商品 z 的消费，C^j 为 t 期的常替代弹性消费指数。两国各种有差异的商品完全对称地进入居民的偏好，不同商品间的替代弹性都为 θ。对应的价格指数为：$P = \Big[\int_0^1 p(z)^{1-\theta} dz \Big]^{\frac{1}{1-\theta}}$，$M_t$ 代表 t 期个体持有的名义货币余额，

---

① 莫瑞斯·奥布斯特菲尔德、肯尼斯·罗戈夫：《高级国际金融学教程》，中国金融出版社 2002 年版，第 608—648 页。

$y_t(z)$ 代表个体的产出。$-\dfrac{k}{z}y_s(j)^2$ 表示由于必须生产更多的产品个人所付出的效用损失。

从消费指数和价格指数的定义,我们可以得到居民面临的向下倾斜的需求曲线:

$$y(z) = \left(\frac{p(z)}{p}\right)^{-\theta} C^w$$

式中,C^w 为世界总消费。

新开放经济宏观经济模型中不包含资本,居民可以在世界债券市场上进行借贷,r_t 为从 t 期到 $t+1$ 期的债券实际利率,F_t 表示个体进入 $t+1$ 期时所持有的债券数量。这样个体 z 所受到的预算约束条件就为:

$$P_tF_t + M_t = P_t(1+r_{t-1})F_{t-1} + M_{t-1} + P_t(z)y_t(z) - P_tC_t - P_tT_t$$

$$(3-13)$$

为了实现效用最大化的目标,居民个体必须选择每一期最优的消费量、货币余额和劳动供给,并且设定最优的产品价格。价格黏性的假定要求价格要提前一期设定,并且在一期之后才能进行调整。这样,外生冲击就会造成不同的短期效应和长期影响,使经济呈现出动态调整过程,福利效应是短期冲击和长期影响对效用函数共同作用的结果。

新开放经济宏观经济模型中,一个重要结论是货币在长期是非中性的。这是因为,短期的经常账户盈余会使国内居民的外国净资产出现长期上升。这样,在新的均衡状态下,国内居民的相对消费长期内会保持在较高的水平上;外国净资产增加的财富效应使国内的产出反而下降,因此,造成了本国贸易条件的永久改善,货币不再长期中性。

另一个重要结论是:汇率没有出现超调。在价格黏性的情况下,虽然外生冲击对居民长期和短期的绝对消费水平造成了不同的影响,但是,居民对消费的最优选择并没有改变两国的相对消费。一且出现长期的货币变动，两国相对消费的调整将是一步到位，这样，两国的相对价格也不会发生变动。所以，一价法则最终保证了汇率没有出现动态调整过程。

此外，新开放经济宏观经济模型还能进行明确的福利分析。由于产出的增加（休闲减少）会降低居民的效用水平，消费增加的正效用就可能被劳动供给的增加所抵消；所以，汇率的支出转移效应和贸易条件的改变就不再是影响福利的最直接因素。由于居民不存在对本国产品的特别偏好，所有产品的替代弹性都相同，所以，未预期的货币扩张将对称地增加每一种产品的需求，这样，将有效地提高垄断竞争时的均衡产出水平。因此，货币扩张在增加本国居民福利的同时，还有一定的溢出效应，会同等程度地增加外国居民的福利水平。奥布斯特菲尔德和罗戈夫（1996）后来又在现金先行的条件约束下分析了这个模型，得到了相似的结论。这个与传统理论不同的结论充分证明了引入微观基础模型的优点。

标准模型的结论在很大程度上依赖于模型中偏好的假设和基本参数的设定，所以，更重要的是，它提供了一个可行的新框架来研究国际宏观经济问题。

第四节　基于博弈论的货币政策协调理论

博弈论的发展为货币政策协调问题提供了一个有力的分析工具，很多经济学家在此领域都进行了积极的探索，取得了非常丰富的成果。其中，影响力比较大的是哈马达（Hamada，1974）提出的哈马达模型以及 Canzoneri 和 Henderson（1991）建立的两国博弈模型。

一　哈马达模型

哈马达模型建立在货币政策国际溢出效应的基础上，利用博弈论的方法直接地说明了两国条件下的货币政策协调问题，证明协调能够提高两国的政策福利。

　　哈马达模型假设存在两个国家，并且这两个国家都为了实现自身的福利最大化而操纵着各自的货币政策。两国各自的短期福利水平 U_1 和 U_2 是货币政策工具 I_1 和 I_2 的函数，即 $U_1 = W(I_1，I_2)$，$U_2 = W(I_1，I_2)$。在图 3-1 中，横轴代表国家 1 的货币政策工具 I_1，越向右代表国家 1 的货币政策工具越扩张；纵轴代表国家 2 的货币政策工具 I_2，越向上代表国家 2 的货币政策工具越扩张。$\{\hat{U}\}$ 代表国家 1 的无差异曲线的集合，即每一条曲线上的点代表相同的福利水平。图 3-1 中的 $\hat{B}$ 代表国家 1 的最佳福利点，距离最佳福利点远代表无差异曲线表示的效用低。同理，$\{U^*\}$ 代表国家 2 的无差异曲线的集合，每一条曲线上的点代表的效应相同，国家 2 的最佳福利点用 B^* 表示。含义同上。

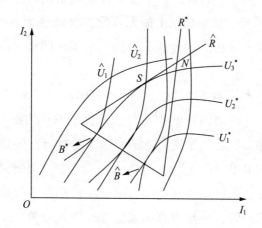

图 3-1　哈马达模型

　　从图 3-1 的位置我们可以判断出，哈马达模型分析的依据是货币政策工具变量，越是扩张的国家越能获得利益，福利水平会达到更高。假设不存在货币政策的这种国际溢出效应，那么各国的无差异曲线族将是一系列直线，也就是说，国家 1 的无差异曲线将是一族垂线，而国家 2 的无差异曲线将是一族水平线。此时，两个国家拥有完全的货币政策自主权，都不会对对方国家产生影响，

也就不需要进行国际货币协调。但是，现实中，全球经济的高度
依存使各国不可能存在理想中的货币政策无溢出状态，此时两国
无差异曲线的形状就表示为一族围绕各自的最佳福利点的曲线。
在这种形状的无差异曲线下，只有使两国无差异曲线相切的货币
政策才是有效的，才是帕累托最优的。切点的连线就是两国的最
佳福利政策点，用图中连接 $\hat{B}$ 和 B^* 的契约线表示。帕累托契约线
上的点代表两个国家协调的结果，从博弈论的观点出发，货币政
策的国际协调是必要的。

　　如果缺乏合作，那么，对于国家 1 来说，就产生了一个对策函
数，即国家 1 的最优政策是国家 2 的货币政策的函数。也就是说，
国家 1 的最优政策取决于国家 2 的货币政策，一旦国家 2 的货币政
策发生改变，国家 1 的最优货币政策也应该相应地变化。反映在图
3－1 中，对策函数就是国家 1 的无差异曲线族 $\{\hat{U}\}$ 与国家 2 的政
策选择线的水平线切点的连线，即图中的 $\hat{R}$。同理可以得到国家 2
的对策函数 R^*。

　　通过图 3－1，我们可以深入分析两国不进行政策协调时的情
形。两国不合作时会出现的第一种情形就是纳什均衡。假设国家 1
和国家 2 都独立行动，根据对方的政策来选择自己的最佳政策。此
时，均衡点为 $\hat{R}$ 和 R^* 的交点 N，N 是一个经济学上定义的稳定的纳
什均衡点。在这个纳什均衡点上，两个国家都在他国政策给定下选
择自己的最优政策，并且没有国家愿意改变其政策。但是，这个纳
什均衡点 N 代表的福利却比契约线 $\hat{B}B^*$ 上的任何点都更远离帕累托
最优，是无效率的。

　　两国不进行政策协调的另一种情形是斯塔克尔伯格均衡。这种
类型的博弈是一种基于货币政策协调制度性的博弈，它要求一方做
出斯塔克尔伯格承诺，做出承诺的一方为斯塔克尔伯格领头国，不
做承诺的一方为斯塔克尔伯格尾随国。领头国按照其承诺的货币政
策行事，尾随国在进行博弈之前已经知道领头国的承诺和选择，它
只需要选择相应的最优点，因此，领头国的最好承诺是，在尾随国

的反应函数上寻找能使领头国损失最小的那一点作为领头选择。假设国家 2 为先行者，国家 1 为追随者。先行者意识到一旦自己采取某种政策选择时，追随者将用最佳反应函数 $\hat{R}$ 选择其最佳政策，却忽视了自己的政策可能对先行者的影响。那么，博弈的结果是在 S 点达到均衡。经济学上称 S 点为斯塔克尔伯格均衡。在 S 点，国家 2 的无差异曲线与国家 1 的反应曲线 $\hat{R}$ 相切。因此，S 为国家 2 的最佳政策选择。此时，国家 1 的政策选择为 I_1S，国家 2 的政策为 I_2S。在这种情况下，通常是有利于先行者而不利于追随者。结果是由于没有一个国家愿意充当追随者的角色，这种博弈的局面最终将会崩溃。

通过分析不存在两国之间政策协调情况下的两种非合作均衡可以发现，其均衡点 N 和 S 都不在契约线 $\hat{B}B^*$ 上。所以，都不具有帕累托效率，在存在两国之间政策协调的情况下，如果两国公开信息，经过充分协调，采取比非合作均衡更能改善处境的政策组合，使经济处于有效的契约线 $\hat{B}B^*$ 上，两国达到合作均衡。在两国达到合作均衡时，任何单方的毁约行为都将招致另一方的严厉报复而使双方利益蒙受更大的损失。与非合作相比，通过政策协调，两国的福利水平得到更大的提高。因为，在契约线 $\hat{B}B^*$ 上双方都处在比非合作均衡点 N 和 S 更高的无差异曲线上。

至此，讨论了三种不同的解，即合作解、纳什均衡解和斯塔克尔伯均衡解。对这三种解进行比较可以发现，不进行任何协调的非合作解（纳什均衡解）效率最低，斯塔克尔伯博弈通过承诺规则来协调两国货币政策，虽然两国的结果都好于缺乏协调时的纳什均衡，但两国得到的好处并不相同。领头国的好处可能多于也可能少于尾随国，即存在"先发优势"或"后发优势"的问题，所以，在国际货币政策协调过程中，有时两国会争做领头国，有时两国又都不愿意出头作领头国。效率最高的还是合作解。这说明协调产生的合作均衡有利于双方福利的提高，不过，协调产生的利益如何分配（双方福利水平提高的多少）则取决于博弈双方的谈判力量。即假使国家 1 和国家 2 双方通过协调而位于契约线 $\hat{B}B^*$ 上，那么均衡点

在 $\hat{B}B^*$ 的确切位置取决于双方的谈判力量。而且随着博弈双方地位的此消彼长，在长期内原有的利益分配格局势必被打破，双方又开始新一轮的谈判与协调。这就是哈马达模型要证明的观点：国际经济政策不协调是无效率的，而通过国际经济政策的协调可以达到帕累托效率。

二 两国博弈模型

Canzoneri 和 Henderson（1991）建立了一个只包含本国和外国的两国博弈模型。在该模型中，每个国家只生产一种商品，称为本国商品与外国商品，在没有外部冲击的情况下，两国以同种商品度量的生产规模相同。模型中的变量用冲击发生前后的差值表示，模型的推导采用对数形式。

两国博弈模型在分析货币政策博弈与货币政策协调时，假设市场上不存在投机泡沫，预期的货币供应量保持不变，预期的消费价格指数不变，建立了一个两国经济联系的分析系统。

$$n = m \tag{3-14}$$

$$n^* = m^* \tag{3-15}$$

$$p = w + na + x \tag{3-16}$$

$$p^* = w^* + n^*a + x \tag{3-17}$$

$$\sqrt{\eta}q = m - 2m^*\theta + x - u \tag{3-18}$$

$$\sqrt{\eta}q^* = m^* - 2m\theta + x + u \tag{3-19}$$

$$z = \xi\gamma(1-a)(m-m^*) - \left(\frac{1}{\beta\sqrt{\eta}}\right)u \tag{3-20}$$

$$e = [a + \xi\gamma(1-a)](m-m^*) - \left(\frac{1}{\beta\sqrt{\eta}}\right)u \tag{3-21}$$

式中，$*$ 代表外国的变量，不加 $*$ 代表本国的变量；n 代表就业情况，m 代表货币供应量，p 代表价格水平，w 代表名义工资水平，a 为劳动的边际产出，x 是对称性冲击，u 代表非对称性冲击，q 表示本国商品与外国商品价格的加权平均；ξ 为系数；β 为平均进口倾向；γ 为实际利率的影响因子，表示实际利率变化 1 单位时需求的变化量；e 为本国的实际汇率，表示购买 1 单位外国货币所需的本国货币的名义数量；z 为本国的实际汇率，表示相对于外国商品的本国货币的价格；$\sqrt{\eta} = \dfrac{1}{\rho + a}$，其中，$\rho = \dfrac{\beta[1 - (1 - 2\beta)v]}{2\sigma + (1 - 2\beta)^2 \nu}(1 - \alpha)$，$0 < \theta = \dfrac{1}{2}\sqrt{\eta}\rho < \dfrac{1}{2}$。

两国博弈模型也给出了用货币供应量和不同类型的冲击表示的两国的损失函数，具体形式如下：

$$L = \frac{1}{2}(n^2\sigma + q^2\eta) = \frac{1}{2}[m^2\sigma + (m - 2m^*\theta + x - u)^2] \qquad (3 - 22)$$

$$L^* = \frac{1}{2}[(n^*)^2\sigma + (q^*)^2\eta]$$

$$= \frac{1}{2}[(m^*)^2\sigma + (m^* - 2m\theta + x + u)^2] \qquad (3 - 23)$$

式中，σ 为实际汇率影响因子，表示实际汇率变化 1 单位时需求的变化量。

在式（3 - 22）和式（3 - 23）中，当没有外部冲击时，只要两国货币供应量保持不变，那么两国的就业水平、物价水平以及汇率都会保持不变。

（一）对称性冲击下的两国货币政策博弈

当两国面临对称性的需求冲击时，也就是 $x > 0$、$u = 0$ 时，只要两国的货币供应量不变，根据式（3 - 14）与式（3 - 15）可以得出就业会维持不变，但是，在这个框架下，两国物价水平根据式（3 - 16）与式（3 - 17）会提高，消费价格指数根据式（3 - 18）与式（3 - 19）也将升高。根据式（3 - 20）名义汇率将保持不变，根据式（3 - 21）实际汇率也将保持不变。

由此可见，当存在对称的外在冲击时，即便两个国家的货币供应量没有变化，两国也都面临通货膨胀问题，为了抑制通货膨胀，两国将采取减少货币供应量的政策。然而，以本国为例，当本国的货币供应量减少时，本国的货币将会升值，本国的通货膨胀降低。

但是，这种措施具有负外部性，将加剧国外的通货膨胀，导致国外的损失变大。因此，在存在对称的外部冲击时，两国的货币当局面临着一个博弈选择，两国货币博弈也存在几种不同的结果。究竟会出现何种结果将取决于两个国家货币政策协调的程度与方式。

当两国完全不进行货币政策协调时，将导致非合作型的纳什均衡。图3-2表示的是对称性冲击下非合作博弈的纳什均衡。

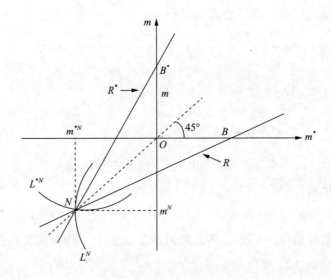

图3-2 对称性冲击下非合作博弈的纳什均衡

从两国的货币政策反应函数式（3-22）与式（3-23）可知，两国货币供应量的变化是坐标平面上的两组曲线。图中的B点代表本国的最佳政策点，B^*代表外国的最佳政策点。R代表本国的纳什反应函数，即外在冲击给定时，使本国损失达到最小的货币供应量m的函数表达式，同样，R^*代表外国的反应函数。[1] 由于外部冲击是一种对称冲击，当两国实现纳什均衡时，减少的货币供应量应该

---

[1]　分别用两国的损失函数对货币供应量求导数，令其等于0就可以得到两国的纳什反应函数，本国 R：$m = \dfrac{2\theta}{1+\sigma}m^* - \dfrac{1}{1+\sigma}x$，外国 R^*：$m^* = \dfrac{2\theta}{1+\sigma}m - \dfrac{1}{1+\sigma}x$。

是相同的，所以，纳什均衡点位于经过原点斜度为 45°的直线上。
在纳什均衡点 N 上，两国的货币供应量为：

$$\left[\frac{\partial L}{\partial m^*}\right]_N = \left[\frac{\partial L^*}{\partial m}\right]_N = -\frac{x\sigma 2\theta}{1-2\theta+\sigma} < 0, \tag{3-24}$$

上式表明，从纳什均衡点 N 出发，如果本国扩大货币供应量，则外国的损失会减小；同样，如果外国扩大货币供应量，则本国的损失会减小。如果两国同时扩大货币供应量，则两国损失都可减小。从以上分析我们可以得出，在不采取货币政策国际协调的情况下，在纳什均衡点的右上方存在一个能使两国情况都改善的区域，这个纳什均衡不具有帕累托效率，两国可以通过加强货币政策的国际协调来取得更优的均衡效果。

在对称性冲击发生时，如果两国进行一定程度的货币政策协调，其中，一方作为斯坦科尔伯格领头国做出承诺，那么两国就可以达到斯坦科尔伯格均衡，如图 3 - 3 所示。

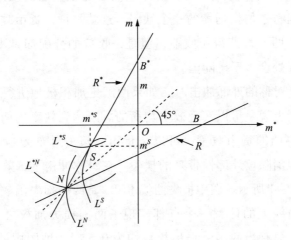

图 3 - 3　对称性冲击下的斯坦科尔伯格均衡

图 3 - 3 中，斯坦科尔伯格均衡点 S 处，本国的损失函数与外国反应函数正好相切。在 S 点两国均衡的货币供应量分别为：

$$m^s = x\mu^s = xk_1\mu^N < 0 \tag{3-25}$$

$$m^{*s} = x\mu^{*s} = xk_2\mu^N < 0 \tag{3-26}$$

式中，$k_1 = \dfrac{k}{k + \omega\sigma(1+\sigma)} < 1$，$k_1 < k_2 = \dfrac{k + w\sigma(1-2\theta+\sigma)}{k + \omega\sigma(1+\sigma)} < 1$，

$k = (1-\omega)[(1+\sigma)^2 - 4\theta^2] > 0$，$\omega = \dfrac{4\theta^2}{1+\sigma} < 1$。

把斯坦科尔伯格均衡与纳什均衡对比我们可以看出，当斯坦科尔伯格均衡时，两国货币供应量的减少得更少，也就是说，两国都可以获得更高的就业。对比损失函数可以发现，斯坦科尔伯格均衡时，两国的损失最小。斯坦科尔伯格均衡在纳什均衡的基础上使两国都获得了改进，原因在于纳什均衡由于缺乏政策协调，即使本国决定增加货币供应量，外国却不一定也采取同样的扩张措施，甚至本国的损失还有可能增加，因此，缺乏动力去调整货币政策。但是，一旦两国间存在一定的货币政策国际协调的制度安排，两国就会向同一方向调整各自的货币政策，结果是双方都会获得收益。

从图3-3中我们也可以发现，S更接近领头国的政策最优点。这也是斯坦科尔伯格均衡的一个缺陷，这就是说，货币政策的国际协调虽然使双方都获得了收益，但是，收益的分配却是不平均的，领头国的好处会多于尾随国。

在面对对称的外部冲击时，如果两国更加积极地进行货币政策合作，理论上说是可以实现效率均衡的。当达到效率均衡时，两国实现完全协调的货币政策，可以是货币政策的外部效应完全内在化，有效地消除负外部性带来的损失。在对称冲击下，效率均衡的示意如图3-4所示。图中损失曲线 BEB^* 是两国损失函数椭圆切点的轨迹，曲线上的任意一个点都实现了两国损失加权之和的最小化。但是，只有当两国的损失权数均为0.5时，即图中的E点时，两国的损失程度才相同，是对称效率均衡点。对称效率承诺虽然是两国的政策协调的最佳方式，但是，实现的难度很大，需要两国货币政策的高度密切协调，双方信守承诺是对称效率得以实现的关键。

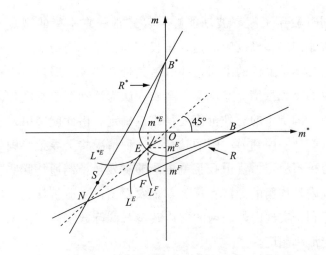

图 3 - 4　对称性冲击下的效率均衡

（二）非对称性冲击与合作型货币政策

当存在非对称的外部冲击时，也就是 $x=0$、$u>0$ 时，我们同样可以采用上述方法分析两国不合作时产生的纳什均衡、斯坦科尔伯格均衡与效率均衡的情况，结论也是类似的，即在不合作的情况下，两国的损失最大；斯坦科尔伯格均衡下，两国进行了货币政策协调，可以使双方的局面都得到改善。如果两国进行深入有效的货币政策国际协调，就可以实现效率均衡。

第五节　关于未来协调方案的理论

一　麦金农方案

麦金农方案的基本思想就是主张恢复固定汇率制度。麦金农在1974年首次阐述了这一思想，其后经过多次反复修改，形成了目前的框架体系。麦金农主张恢复固定汇率制度的最主原因是目前的浮动汇率制度缺乏效率。麦金农对浮动汇率制度的批评主要来源于两个方面：首先，麦金农认为，浮动汇率增加了各国外部经济环境的风险。同时驳斥了汇率波动能够恢复经常账户平衡的观点。他认为，经常账户的差额反映的是一国投资与储蓄的对应关系，一个国家如果实行本币贬值的策略，那么由其带来的经常账户改善将会被国内吸收的增长抵销。其次，麦金农，认为浮动汇率制度带来的汇率波动使一国货币的对外价值变得难以确定，由此就会引发货币替代或者资产从一国到另一国的转换。这种情况将会导致一国的货币需求变得极不稳定，货币政策就不能够有效地控制通货膨胀，更谈不上实现内外均衡的经济目标。麦金农根据以上分析认为，浮动汇率制度不利于实现内外均衡的国内政策与国际政策协调，主张应该恢复固定汇率制度。

具体来说，麦金农方案中对货币政策国际协调的设计包括以下两个方面的主要内容：

第一，各国应该实行基于购买力平价确定的固定汇率制度。之所以选择购买力平价理论，原因就在于它是一种长期的汇率决定理论，可以在较长的时间内维持一国的国际竞争力，能够创造出国际收支平衡的良好经济环境。在固定汇率的具体计算中，麦金农提出了只依据可贸易品的批发物价指数确定的方法。在实施步骤上，麦金农认为，可以通过逐步缩小汇率波动的范围，在美国、日本和德国三个主要经济体之间展开，最终过渡到全球范围内的固定汇率制度。

第二，在维持固定汇率制度过程中，要求各国协调货币供给量。在固定汇率制度下，应该在考虑到经济增长以及物价稳定的基础上确定全球货币供应量。全球货币供应总量在各个国家间的分配机制是：在考虑到各国经济增长情况、非贸易部门的发展情况以及货币流通速度的因素后，使各国的贸易品相对价格保持稳定，从而名义汇率保持稳定。麦金农认为，主要是货币替代以及金融资产替代引发了汇率不稳定，在面临这类冲击时，各个国家应该采取非冲销式的外汇干预措施来稳定汇率，冲销过程带来货币供应量的调整就完成了全球货币供应量的分配。举例来说，如果一国国内的货币供给量过多而导致通货膨胀出现时，该国货币的购买力将下降，此时微观经济主体将用外国货币替换该国货币，从而在外汇市场上，对该国货币的供给将增加，该国货币会出现贬值的压力。在麦金农方案中，此时该国的中央银行应该在外汇市场中吸收本国货币，抛出外币，从而降低该国货币的供给，达到遏制通货膨胀的目的。在这种机制下，各国通过货币供给量的国际协调，达到了实现经济内外均衡稳定物价与汇率的目的。

以固定汇率制度为主要特征的麦金农方案，影响力是非常大的，受到了广泛的重视。麦金农方案提出，应从全球角度而不能局限于某一个国家来讨论物价稳定问题，这对于各国实现内外均衡目标的努力来说，是非常富有启迪意义的。但是，麦金农方案也因为其具有较多的货币主义特征而受到了很多批评，这些批评可归结为以下三个方面：

第一，麦金农方案在实现汇率稳定性的同时，牺牲了汇率的灵活性。许多研究者指出，麦金农对汇率与经常账户之间的关系的认识是不全面的，在相当多的情况下，利用汇率的调整来实现外部均衡是非常必要的，并且这种调整方式成本较低。实际上，国际政策协调的一个重要方面就是确定何种程度与形式的汇率灵活性，而麦金农方案在这一问题上的处理无疑太过极端，不利于各国内外均衡目标的实现。

第二，麦金农方案简单地以购买力平价作为均衡汇率的确定标准也是值得斟酌的。购买力平价作为一种汇率决定理论，存在许多问题，例如，理论成立的严格假设、计量上的困难、各种因素引起的结构性偏离等，这些因素制约着购买力平价在经济宏观调控中的运用。

第三，麦金农方案以协调各国货币供给来维持固定汇率制度的设想是难以在实际经济中实现的。麦金农设计的这种固定汇率制度的维持方法源于他认为货币替代及各国金融资产之间的替代是引起汇率变动的重要原因。但在实际上，经济运行中面临的冲击既有这种货币性冲击，也有实物性冲击。在后一种情况下，仅仅通过货币供给的调整也是不够的。尤其是在当代条件下，在国际资金流动问题非常突出时，投机性冲击完全可能带来固定汇率制度的危机，麦金农方案并没有对解决国际资金流动条件下的固定汇率制度的维持问题做出特定的贡献。

二　扩展的汇率目标区方案

汇率目标区方案是由威廉姆森和米勒在 1987 年提出的。该方案是汇率目标区制在货币政策国际协调领域的应用。与麦金农方案的思想截然相反，扩展的汇率目标区的基本思想是：主张各国应该实行更加具有弹性的货币汇率制度，各国的汇率在中心汇率上下 10% 的范围内波动。该方案中，中心汇率也不是按照购买力平价制定的，而是以均衡汇率①表示。在对汇率波动幅度的维持上，各国应该利用财政政策实现其内部均衡，利用货币政策实现其外部均衡。

在扩展的汇率目标区方案中，如果目标区内有 n 个国家，那么就会存在 n 种货币，有 n－1 种汇率，在利率平价的基础上，就会要求 n 个国家间的 n－1 种利率差以实现外汇市场的稳定。在利率差确定之后，实际上，只要一国确定了其利率水平，那么整个目标区内的利率水平也就确定了。此时，货币政策通过保持利率差用来实现外部的均衡，至于内部均衡则需要通过财政政策来实现。

扩展汇率目标区的政策协调方案对于具体的实施方法规定得十分详尽，并且在内容上涉及国际金融领域的所有重大问题，其所受到的关注无论是在理论界还是在政府层面都是前所未有的。一般认为，1987 年达成的《卢浮宫协议》在一定程度上体现了扩展的汇率目标区的基本思想。但是，该方案也存在一些问题，比如，一些学者认为，很难判断汇率目标区的优劣。汇率目标区虽然在一定程度上有稳定汇率的作用，但是，其在资本大量跨国流动的背景下，却

---

① 均衡汇率的概念由威廉姆森提出，指的是各国政府追求中期（一般情况指 5 年）内实现经济内外均衡时的汇率。

有可能会增大汇率的波动。另外，汇率目标区方案中的均衡汇率的形成带有非常浓重的价值判断色彩，受政策制定者主观因素的作用非常强，很难在国际范围内达成共识，应用价值也值得进一步商榷。

尽管扩展的汇率目标制存在这么多的问题，但是，其所倡导的均衡汇率理论目前正在发展成为一种独立的汇率决定理论。汇率目标区的方案经过发展也越来越多地受到理论界的关注。

三 最适度通货区理论

最适度通货区的基本特征就是区内各国的货币保持盯住的汇率制度，对区外的其他货币实行联合浮动汇率。最适度通货区理论是蒙代尔在 1961 年提出的，目前已经成为货币政策国际协调理论的一个重要的组成部分。从理论上说，每个国家都要思考本国是适合单独组成一个货币区，还是适合与其他国家的货币共同组成一个货币区，即都面临着最适度通货区的选择问题。如果选择单独组成一个货币区，那么就意味着该国需要实行浮动汇率制度或者弹性汇率制度。蒙代尔主张生产要素流动性原则，在货币区内货币之间的汇率必须被固定，才能实现最佳的标志，就是能够稳定货币区内的就业水平和物价。最佳的货币区是由地理区域限定的，而不是按照国家边界划定的。蒙代尔同时认为，生产要素的流动性和汇率的弹性之间具有替代作用，原因在于当需求从一个国家转移到另一个国家时，会产生国际收支的调整要求，而这种调整既可以通过两国汇率变动的途径，也可以通过生产要素在两国间的流动来实现。国家间的生产要素流动性越高，越适宜组成货币区；国家间的生产要素市场隔绝度越大，则越适宜实行浮动汇率制度，组成单独的货币区。

麦金农认为，是否适宜作为最适度货币区的标准应该是一国的经济开放程度。麦金农采用贸易部门相对于非贸易部门的生产比重来衡量经济的开放程度，由这一指标反映的经济开放程度越高，说明就越应该实行固定汇率制度；反之，由这一指标反映的经济开放程度越低，说明就越应该实行浮动汇率制度。麦金农在阐述自己的观点时进行了这样的分析：开放程度高的经济体如果采用浮动汇率制度，那么国际收支赤字所造成的本币贬值将会造成物价水平的较大幅度上升，从而抵消本币汇率下浮对贸易收支的调节作用。

之后，还有一些学者就最适度货币区的确定提出了不同的准则。例如，彼得·凯南强调用出口商品多样化作为准则，詹姆斯·英格拉姆主张以国内外金融市场一体化作为准则等。

罗伯特·赫勒对影响汇率制度选择的因素进行了分析。他认为，主要是经济方面的因素决定了一国汇率制度的选择。具体来说，包括以下五个因素：一是经济的开放程度；二是经济规模大小；三是贸易品的结构以及地域分布；四是一国国内金融市场是否发达及其与国际金融市场之间的一体化程度；五是通货膨胀率。这五个因素与汇率制度选择之间的关系是：一个国家的经济开放程度越高，经济规模越小，进出口集中在某些商品或某一地区的国家，就倾向于实行盯住的固定汇率制度。相反，一个国家的经济开放程度越低，贸易品越多样或者地域分布越分散，同国际金融市场之间的联系越密切，资本流动更频繁，国内的通货膨胀水平与其他国家差异越大的国家，就倾向于实行弹性的浮动汇率制度。

最适度通货区理论具有非常重要的意义，该理论有利于促进本地区经济一体化的发展，极大地提高了通货区内的经济福利。货币区域一体化的前提就是要实现劳动力、资本和商品等要素的自由流动与统一共享。通货区内各种要素的自由流动，不仅有利于促进区内的贸易自由化，能够极大地提高区内的贸易效率，而且还有利于实现资源整合和优化配置，直接推进本区经济一体化进程的发展。

最适度通货区理论有利于降低区内货币汇兑成本，在一定程度上规避了汇率风险。通货区的最一般形式是：本区内的货币实现自由可兑换，且汇率固定。这个规则锁定了区内成员货币间的汇率风险，极大地便利了区内成员国之间的贸易结算。而且，当区域货币一体化走向单一货币的最高形式时，区内各个成员国之间的贸易活动就变成了"国内贸易"，不再存在货币的兑换成本。

一体化的货币制度有利于整合区内的金融资源，降低金融风险。国际金融活动的风险很大，成本很高。在区域货币一体化下，有利于全区内金融资源的共享，在固定汇率制度下还规避了汇率风险，在共同的货币政策下，还能够锁定利率风险。因此，各个成员国无须保留庞大的外汇储备，能够降低总的资源闲置成本。可以说，在劳动力、商品和资本等要素的整合上，处于核心地位的是金融资源的整合，因此，区域内实现单一货币是区域经济一体化的最高形式。

最适度通货区的确立有利于加强区内一体化协作，共同抵御外来的竞争风险。区域经济一体化是一种强大的国际力量，不仅体现为经济上的联盟，而且还体现为政治和军事联盟，一体化内的成员国采取一致的行动往往能够获得放大的效果。

四 建立世界性中央银行并发行全球统一货币

超主权货币的主张由来已久，早在 20 世纪 40 年代，英国著名经济学家凯恩斯和哈佛大学教授、美国财政部部长助理怀特，为布雷顿森林体系召开而分别提出的凯恩斯方案和怀特方案中就已蕴含超主权货币的思想。

凯恩斯方案即国际清算同盟计划，这个方案主张采用透支原则，建立一个世界性中央银行，即国际清算（或货币）同盟。各国在国际货币联盟中所承担的份额以战前三年进出口贸易平均值的 75% 计算，会员国不需要缴纳黄金或外汇，只需在联盟中开设往来账户，通过存款账户的转账来清算各国官方的债权和债务。

凯恩斯方案中蕴含创立超主权货币的设想，由国际清算联盟发行一种国际货币——"班柯"，作为各国中央银行或财政部之间结算之用。班柯以黄金定值，与黄金之间有固定的比价，但是，国际货币联盟可以调整其价值。各国货币按一定的比价与班柯建立固定汇率，这个汇率是可以调整的，但不能单方面进行竞争性的货币贬值，改变汇率必须经过一定的程序，需要经过国际清算联盟的允许。班柯等同于黄金，各国可以用黄金换取班柯，但不能用班柯换取黄金。各国中央银行在国际清算联盟的往来账户用班柯进行清算，发生盈余时将盈余存入账户，发生赤字时则按规定的份额申请透支或提存。各国透支额为 300 亿美元。如果清算后，一国的借贷余额超过规定份额的一定比例，无论是盈余国还是赤字国均需对国际收支的不平衡采取调节措施。这种国际货币安排将两国之间的国际支付扩大为国际多边清算。

中国人民银行行长周小川在 2009 年 G20 伦敦峰会召开前一周，在中央银行网站连续刊发署名文章《关于改革国际货币体系的思考》，阐述了其对超主权货币的看法。文章认为，超主权货币能够克服主权信用货币的信用风险，而且也能够调节全球流动性。周小川同时认为，SDR 具有超主权储备货币的特征和潜力。建议应该考虑进一步扩大 SDR 的发行；建立起 SDR 与其他货币之间的清算关系；改变当前 SDR 只能用于政府或国际组织之间国际结算的现状，使其能成为国际贸易和金融交易公认的支付手段。积极推动在国际贸易、大宗商品定价、投资和企业记账中使用 SDR 计价。不仅有利于加强 SDR 的作用，还能有效地减少因使用主权储备货币计价而造成的资产价格波动和相关风险。积极推动创立 SDR 计值的资产，增强其吸引力。

第六节　国际货币政策的逆效合作理论

上述的理论分析揭示了在存在货币政策溢出效应前提下，在全球经济依存度不断提高的背景下，进行货币政策国际协调的必要性与可能的方案选择。但是，自货币政策的国际协调理论诞生以来，理论界就一直存在质疑的声音，即货币政策的国际协调能否真正实现增进各国福利的目标，一些理论甚至说明进行货币政策的国际协调与各国"以邻为壑"的政策相比可能效果更差，这类理论也被称为货币政策国际协调的逆效理论。逆效理论按照产生的原因分类，大致有以下五种具有代表性的学说。

一　基于理性预期理论的逆效合作理论

该理论把理性预期学派的观点应用于货币政策的国际协调领域，认为微观经济主体的理性预期会使政府制定的政策失去效果或者与政府部门的预想偏离。基于理性预期的逆效合作理论的代表人物为肯尼斯罗格夫，他的研究也是在两国模型的基础上进行的，假定两个国家都希望减少失业，并促进经济增长而采取扩张性的货币政策。如果没有货币政策的国际协调，那么一国货币供应量的增加将会降低国内的利率水平，在资本自由流动的环境中，资本在追逐最大利益的驱动下，就会流出该国，从而使该国的汇率下降。如果汇率稳定是该国货币政策更重要的目标，那么采取扩张性的货币政策的可行性就不大。如果两个国家采取了货币政策协调的框架，为应对这种情况，两个国家就可以同时实行扩张性的货币政策，同样扩张的货币政策将会导致两国幅度相似的利率变化，在利率平价的机制下，就不会发生大规模的资本流动，从而汇率也将会保持稳定。但是，如果两个国家的微观经济主体都是理性的，能够预期到两国的货币政策协调，那么他们事先就会提高对通货膨胀的预期，因此，两国扩张性的货币政策无效。在这种情况下，货币政策的国际协调只是推高了通货膨胀水平，对失业没有改善，对经济也没有促进作用。

二　基于政策主体非经济动机理论的逆效合作理论

该理论的主要思想是政策制定者在诸如党派竞选和选举因素等非经济动机理论的驱动下，进行的货币政策国际协调将失去效率。基于政策主体非经济动机理论的逆效合作理论最早来源于财政合作理论，代表人物为奎多·塔贝里尼和马丁·费尔德斯坦。塔贝里尼在1990年提出了一个财政协调模型，在此模型中，非经济因素在政府制定财政政策过程中占主要地位，尤其是在选举年。现任政府在党派和竞选等因素的作用下，为了寻求连任，大量实行扩张的财政政策来减少失业，推高经济的景气程度。但是，这种扩张性的财政政策将会产生溢出效应，他国在意外需求冲击下，为了避免通货膨胀将只能采取紧缩性的财政政策，结果就是偏离了各国实行稳健财政协调的最初目的。结论是非经济因素将导致国际财政政策协调为逆效合作。

费尔德斯坦对 G7 的货币政策协调进行了研究，认为七国集团的货币政策协调基本无效或逆效，其基本原因就在于政策主体的非经济动机。由于美国三权分立的政治体制阻碍了美国进行财政政策的国际协调，因此，政府只能通过货币政策进行调整。结果是，政府为了避免遭受指责，无论货币政策是否恰当，货币政策总是担当着调整的重任，并且货币政策的国际协调总是会被极力地促成。并且即使经济问题的根源完全在美国国内，政治家为了推卸自身的责任，也常常抨击他国的经济政策。不管其他国家是否愿意参加货币政策国际协调，它们都是政客在推卸自己责任时好用的最好借口。以 20 世纪 80 年代的美国为例，美国经常项目的大量赤字实际上是由大规模财政赤字造成的，但是，美国政府并没有积极地平衡财政收支，反而指责日本和欧洲不对美国的商品开放市场，不支持美元的汇率调整，通过实施美元贬值来迫使他国被动地调整经济体系，后果是七国集团贸易战和金融战。菲尔德斯坦的基本结论是：货币政策国际协调的最大用处是政客将国内问题国际化的借口，并没有实际的经济福利的增加。

三　基于美国霸权论的逆效合作理论

美国霸权指的是在市场经济中美国通过其金融、政治、军事等综合实力，迫使其他国家按照其意愿调整自身经济的行为。美国是世界上经济实力最强的国家，在七国集团中也占有绝对的主导地位。美国出于自身利益的需要，经常以美元贬值威胁其他国家实施国际政策国际协调，例如，美国以美元贬值来迫使日本和德国参加货币政策国际协调。"当美国与其他国家就世界总需求的恰当水平及在各国之间的分配总需求的问题上发生冲突时，促使美元贬值的宏观经济政策会使其他国家满足美国的愿望。由于美国自身经济规模大，因此，美元的贬值或升值对其本国的通货膨胀率及经济增长率影响不大，反而对其经济伙伴国影响较大。"① 很多经济学家认为，霸权国家对弱势国家的压制，是导致货币政策国际协调逆效的重要原因。综上所述，由于霸权国家的存在，货币政策国际协调并不是建立在自愿的原则之上，而只是新经济主义霸权的表现，逆效合作的结论就一目了然了。

四　基于不确定性的逆效合作理论

基于不确定性的逆效合作理论的基本思想是：只有货币政策国际协调的主体持有类似的经济政策理论时，协调才可能是有效的，如果各国对经济运行各自持有不同的看法，则协调就可能充满不确定性，从而导致政策协调逆效。该理论的代表人物是杰弗瑞·弗兰克尔、高希和马森等。杰弗瑞·弗兰克尔认为，不同国家的政府采用不同的计量经济模型进行经济预测，自然对于参与货币政策国际协调的成本和收益各国会持有不同的观点。除此之外，各国政府对经济的运行机制和问题的观点也不尽相同。所有这些不确定性就会导致各国很难就货币政策国际协调达成一致。即使货币政策的国际协调方案达成也可能是逆效的。例如，两国达成协议共同增加1%的基础货币投放。如果其中一国预测GDP将增加3%，则通货膨胀率上升1%。而另一个国家却预测GDP仅上升1%，通货膨胀率却将增加3%。那么后一个国家就不会有动机参加这个国际政策协调过程，即使后一个国家会参加，也可能仅仅是希望通过牺牲经济利益来换取政治利益。

高希和马森认为，宏观经济是一个存在很多干扰因素和外生变量的"噪声系统"。所以，主观因素在货币政策的制定过程中发挥了很大的作用。而政策制定者又受认知过程的限制，对政策制定过程的改进非常缓慢。因此，建立在主观判断基础之上的货币政策国

---

① 戴恩·里维恩等：《国际货币经济学前沿问题探讨》，中国税务出版社2000年版，第145页。

际合作很可能是逆效的。

五 基于联盟博弈的逆效合作理论

该理论的代表人物是莱维内等。从博弈论的角度出发，货币政策逆效合作的原因，一是"搭便车"行为；二是协调的持续性和可置信度。在博弈论的分析框架下，货币政策的国际协调虽然能提高两国的福利水平，但是，这种协调也是有成本的。如果在政策协调的过程中没有相应的监督机制，那么协调带来的福利增加就具有公共品的性质，政策的协调主体就有了"搭便车"的动机，一方面宣称选择协调分享好处，另一方面则逃避合作成本。如果政策协调主体的承诺失效且缺乏相应的惩罚措施，那么"搭便车"行为就将导致货币政策国际协调成为逆效合作。关于协调的持续性和置信度，由于主体间的政策协调矛盾重重，因此，微观主体怀疑其可持续性，这样仍然可能导致货币政策协调逆效。

第四章　我国进行货币政策国际协调
必要性的理论分析

改革开放以来，我国对外经济交往取得了巨大的进展。在渐进式的对外策略指引下，以贸易为代表的实务部门得到了跨越式的发展，近些年来，国际金融领域发展也开始突飞猛进。伴随着中国经济开放度的提高，中国对外经济交往的加强，开放经济背景对货币政策的影响也越来越深远。经济全球化背景下，国际金融市场作为一个跨越国境、超越时空的统一整体，使各国经济的融合度不断提高，各国货币政策的作用范围在不断加强。货币金融的新特征需要以崭新的视角重视内外均衡问题，本章将从理论角度分析中国进行货币政策国际协调的必要性。

第一节　基于中国经济开放度的分析

经济开放度是一国经济开放程度的指标体系，经济开放度体现了一国经济融入世界经济的程度，也是一国参与国际商品市场与国际金融市场活动的水平。[①] 因为各国的经济与开放度之间的复杂联系，精确地度量经济开放度具有很大的难度。经济开放度也有很多不同的分类，一个国家对外经济开放，既包括贸易部门的开放也包括金融部门的开放，因此，经济开放度指标也包括贸易开放度指标

---

① 姜波克：《开放经济下的政策搭配》，复旦大学出版社1999年版，第19—20页。

和金融开放度指标。同时，从计量角度来讲，经济开放度也可以分为广度指标和深度指标。所谓经济开放广度，是指一国经济在总量上的开放度，如常用的贸易额占国内生产总值比重、资本流动占国内生产总值比重等指标。经济开放深度衡量的是一国经济与国外经济一体化的程度，通常用一国价格与国际市场价格的联动水平来衡量。本书将从经济开放广度和深度这样两个角度对中国经济的开放程度进行考察度量。

一 中国对外开放广度的测算

从改革开放至今，中国的经济总量和对外总量规模都获得了极大的发展，开放经济的特征也越来越突出。对外开放广度指标是一国的对外经济总量上的开放度，包括贸易开放度和金融开放度。本书在对中国的经济开放度进行度量时借鉴了姜波克（1999）建立的指标体系，具体内容如下：

$$O_{广度} = (AO_{贸易} + AO_{金融})/2 \qquad\qquad (4-1)$$

$$AO_{贸易} = 进出口贸易总额/GDP \qquad\qquad (4-2)$$

$$AO_{金融} = (直接投资总额 + 证券投资总额 + 其他投资总额)/GDP$$

$$(4-3)$$

（一）中国的经济贸易开放度

图 4-1 测度的就是用进出口总量占国内生产总值的比重表示的中国经济贸易开放度。从图中可以看出，近年来，中国经济的开放水平一直保持在一个较高的水平，并且 1998—2007 年基本保持着一个上升的趋势。2007 年之后，由于国际金融危机的影响，全球的经济增长受阻，中国的出口需求下降，贸易总额降低，进出口总额占国内生产总值的比重开始下降。2010 年之后，随着中国国民收入的逐渐提高和中国在国际分工中地位的变化，以及经济增长的新旧动能的转换，贸易开放度呈现出缓慢的下降趋势。

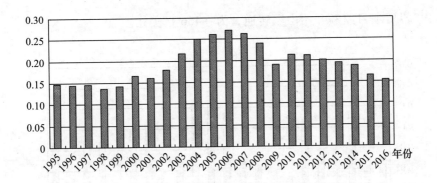

图 4 - 1　中国的经济贸易开放度

（二）中国的金融开放度

图 4 - 2 反映的是中国金融开放度水平。从图 4 - 2 中可以看出，1995—2002 年，中国金融开放度一直处于一个比较平稳的阶段，相比贸易开放度而言也比较小。但是，从 2001 年中国加入世界贸易组织之后，随着资本和金融账户的逐步开放，中国的金融开放度在五年内获得了极大的增长，和贸易开放度之间的差距开始逐步缩小。2007 年之后，受到国际金融危机的影响，中国的金融开放度有所下降，并且其下降程度大于贸易开放度的下降程度。在当前的国际金融背景中，金融开放度的数量指标存在低估金融开放程度的可能。我国在 1996 年实现了经常项目的可自由兑换，资本项目的可自由兑换改革仍然在进行中。官方对于资本项目改革的提法也和整个经济形势密切相关。在经常项目开放的背景下，进行资本管制无论是难度还是成本都会大幅度上升。因此，在近几年的国际收支平衡表中，错误和遗漏项目的金额非常大，并且没有呈现随机分布在借方贷方的特征。综上，我国的金融开放程度可能比图 4 - 2 表现的情况要更大。

近年来，在全球国际直接投资低迷的大背景下，中国的对外直接投资开始出现了飞跃式的增长，从 2008 年的 567 亿美元增长到 2016 年的 2172 亿美元。反映在国际收支平衡表中，2016 年我国直接投资项目差额开始由顺转逆，为 -466 亿美元。

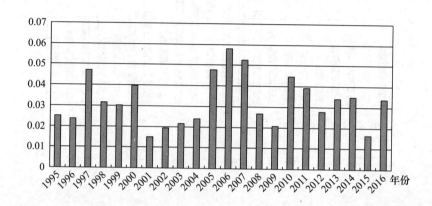

图 4 - 2　中国的金融开放度

根据投资发展周期理论，一个国家在收入水平达到一定规模之后，所有权优势、内部化优势等比较优势会逐渐建立，对外投资规模势必增加，实现由资本输入国转化为输出国的转变。但是，需要认识到，中国的对外直接投资是在经济下行压力加大、工业化进程尚未结束、传统制造业大多处在价值链低端、产品附加值低、不能主导全球价值链重组的基础上进行的。

在此背景下，大量展开的国际直接投资活动势必蕴含着很大的潜在宏观经济风险。同时，国际资本市场和外汇市场的价格波动也会直接影响对外直接投资的评价。因此，在这样的背景下，应该采取有力的措施，防范潜在的经济风险。

（三）中国的总体开放度

根据以上分析结果，我们可以对中国的对外开放广度的总量指标进行测算。图 4 - 3 反映的是中国总量开放广度的演变。从图 4 - 3 中可以看出，在我们考察的阶段，中国经济的对外开放水平有了明显的提高，虽然总量开放广度在 2008 年之后呈现下降趋势，但是，考虑到国际金融危机的影响，我们认为，这种下降是由于暂时的负面冲击产生的，并不能够代表开放水平的长期趋势。

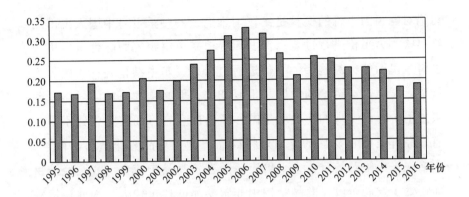

图 4 - 3　中国的总量开放度

与世界上其他国家进行横向比较，也可以反映出中国的贸易开放度水平。以 1995 年为例，图 4 - 4 对比了中国与部分国家的贸易开放度。对比发现，中国的贸易开放度不仅高于美国、日本等发达国家，而且高于印度等发展中国家，但比韩国、泰国、新加坡要低，与德国、英国、墨西哥基本持平。

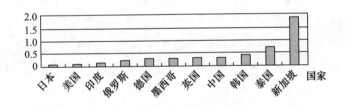

图 4 - 4　中国与部分国家贸易开放度的对比

二　中国对外开放深度的测算

衡量一国对外开放深度要困难一些，通常采用价格指标来衡量。对外开放深度的指标主要看一国的价格水平与国际价格之间是否成立平价机制。例如，购买力平价衡量的就是一国商品市场与国际市场的一体化程度，利率平价衡量的是一国金融市场的一体化程度。

购买力平价分为绝对购买力平价和相对购买力平价两种。其中，对绝对购买力平价的检验是比较困难的，一些学者对中国人民币的绝对购买力平价进行过测算，国际货币基金组织等国际性金融机构也对人民币的绝对购买力平价进行过分析，基本结论是：人民币被低估。产生这一结论的原因是很复杂的，但必须注意的问题是，购买力平价得以实现的前提就是国际贸易的存在，而实际中并不是所有商品都是可贸易品的。如果将商品分为贸易品和非贸易品两类，严格说来，绝对的购买力平价应该是在贸易品中成立。我国经济目前还处于发展阶段，商品结构中非贸易品的比重较大，因此，检验绝对购买力平价争议很大。

相比而言，相对购买力平价的检验争议就比较小。检验相对购买力平价最基本的方法就是计算实际汇率。如果实际汇率在一定阶段内保持不变，则可以认为，购买力平价是成立的；如果在一定阶段内，实际汇率高于前一期间的实际汇率，则名义汇率偏离购买力平价，实际汇率升值，名义汇率高估；如果在一定阶段内，实际汇率低于前一期间的实际汇率，则名义汇率偏离购买力平价，实际汇率贬值，名义汇率低估。图4-5反映了人民币实际有效汇率与名义有效汇率变化趋势，从图4-5中可以看到，在整个样本期内，人民币实际有效汇率与名义有效汇率呈现了高度一致的变化趋势，尤其是在2001年之后，两条曲线几乎完全重合。有学者曾经计算过

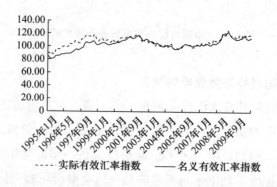

图4-5　人民币实际有效汇率与名义有效汇率变化趋势

1992—1997 年的人民币名义汇率和实际汇率的变化趋势，认为两者之间存在明显的变动不一致，认为我国的对外开放深度不够。但是，从我们的较新的测算区间来看，我国的商品市场与国际市场之间在价格水平上的联系十分密切，可以说，目前我国对外开放的深度正在逐步加强，与总量开放度所表现出的对外开放广度越来越一致。

三　小结

从对经济的开放度的分析我们可以看出，在我们的样本区间内，无论是在对外开放的广度还是在对外开放的深度方面，中国经济的开放度得到了很大的提高，并且表现出了很明显的上升趋势。一般认为，随着一国经济规模的扩大，对外开放的总量开放指标应该下降，但是，我国自 20 世纪 90 年代以来表现出了相反的趋势，2007 年之后，虽然总量开放指标出现了下降，但那主要是由于 2007 年美国次贷危机引发了国际金融危机所致，指标的下降并不能够代表中国的对外开放趋势。

我国的经济的国际化和市场化进程存在相辅相成的关系，两者之间存在密切的互动关系。1995 年之后，随着中国经济体制改革的发展和市场化的深入，加快了中国对外开放的步伐，而经济的国际化又从各方面刺激、推动了国内经济的市场化进程。不同于通常观点认为的经济国际化应该在市场化顺序之后，中国的经济表现出的是市场化和国际化互相推动、同时推进的特点。

第二节　基于蒙代尔—弗莱明模型的分析

在开放经济条件下，国与国之间存在一定的依存关系，一国经济政策的调整会对其他国家产生一定的影响，也就是说，一国所执行的经济政策存在某种程度上的溢出效应。就中美两国而言，由于中美两国的经济依存程度较高，美国所实行的货币政策、利率政策、汇率政策以及财政政策的调整会对中国经济产生相应的影响；而中国的经济政策的调整也会对美国经济产生一定的影响，具体体现在中美贸易、资本流动等。蒙代尔—弗莱明模型（以下简称 MF 模型）是开放经济下进行宏观经济分析的基本框架，在分析中美两国经济政策传导中，由于中美两国同属大国，因此需要在扩展的 MF 模型下进行相应的分析。

一　扩展的 MF 模型的前提假设

为了使模型更加符合实际，针对中美两国的实际情况，提出以下前提假设：

（1）中美两国的国民收入相互影响，但两国的利率水平不同。

中国商品市场均衡方程为：

$$Y = A(\overline{G}, i, Y) + NX\left(\frac{ep^*}{p}, Y, Y^*, \overline{Y}\right) \tag{4-4}$$

美国的商品市场均衡方程为：

$$Y^* = A^*(G^*, i^*, Y^*) + NX^*\left(\frac{p}{ep^*}, Y^*, Y, \overline{Y}\right) \tag{4-5}$$

式中，Y 代表中国的国民收入，Y^* 代表美国的国民收入，$\overline{Y}$ 代表中美两国以外的世界其他国家的国民收入；NX 代表中国的贸易余额，NX^* 代表美国的贸易余额；e 代表直接标价法下的名义汇率；G 代表外生的中国政府购买，G^* 代表美国的政府购买；p 代表中国的价格水平，p^* 代表美国的价格水平；i 代表中国的利率水平，i^* 代表美国的利率水平。

另外，中美两国的货币市场均衡方程如下：

中国货币市场：

$$\frac{Ms}{p} = L(i, Y) \tag{4-6}$$

美国货币市场：

$$\frac{Ms^*}{p^*} = L^*(i^*, Y^*) \tag{4-7}$$

式中，Ms 代表中国的货币供给，Ms^* 代表美国的货币供给；

L代表中国的货币需求，L^*代表美国的货币需求；其余变量定义同前。

（2）中国的资本市场存在管制，对资本的流出有严格的限制，对资本的流入管制较少，以 CF 代表资本项目余额，则 $CF = CF(i - i^*)$。当 $i > i^*$ 时，中国的利率水平高于美国的利率水平，资本从美国流入中国，此时所受管制较少，资本余额的利率弹性较大，CF 曲线较为平缓；当 $i < i^*$ 时，中国的利率水平低于美国的利率水平，资本从中国流出，此时所受管制较多，资本余额的利率弹性较小，CF 曲线较为陡峭。CF 曲线表现为折线，折点为 $i = i^*$，如图 4 - 6 所示。

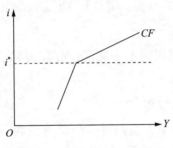

图 4 - 6　中国的资本余额曲线

（3）用 BP 代表国际收支余额，假设国际收支余额由贸易余额和资本余额两部分组成，由于受资本管制的影响，资本余额曲线表现为折线，在利率水平不影响贸易余额的假设条件下，BP 曲线同样为折线，如图 4 - 7 所示。

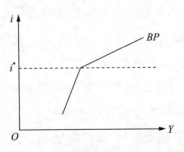

图 4 - 7　中国的国际收支余额曲线

中国的国际收支余额曲线：

$$BP = NX\left(\frac{ep^*}{p}, Y, Y^*, \overline{Y}\right) + CF(i - i^*) \tag{4-8}$$

美国的国际收支余额曲线：

$$BP^* = NX^*\left(\frac{p}{ep^*}, Y, Y^*, \overline{Y}\right) + CF(i^*) \tag{4-9}$$

当我国利率水平高于美国的利率水平时，我国对资本流入的管制较少，资本流入的利率弹性较大，所以 BP 曲线的斜率较小，BP 曲线比 LM 曲线更平坦；当我国利率水平低于美国利率水平时，资本管制较多，BP 曲线的斜率较大，BP 曲线比 LM 曲线陡峭。而美国由于资本管制水平较低，其 BP* 曲线斜率比 LM* 曲线斜率小，BP* 曲线接近于水平。

（4）人民币采用固定汇率制度，盯住美元，并且马歇尔—勒纳条件成立。

二 扩展的 MF 模型

在以上前提假设下，我们可以分析中美两国之间经济政策的传导机制，本部分重点分析美国的货币政策调整对中国经济的影响。由于中国的资本市场存在管制，资本流入与流出时的利率弹性不同，BP 曲线表现出折线的形式，所以，在利率的不同水平上，美国货币政策对中国经济的影响不同。

（一）中国利率高于美国利率

1. 美国采取扩张性的货币政策

如图 4-8 所示，当美国采取扩张性的货币政策时，货币供应量上升，LM* 曲线右移，导致利率 i^* 下降，国民收入 Y^* 上升。利率水平的下降和国民收入上升会引起美国总需求的增长，从而进口增加，IS* 曲线右移。另外，利率下降还会使资本流出，进口增加和资本流出使美国的国际收支状况出现恶化，美元出现贬值，BP* 曲线向右移动，美元贬值会使出口相应增加，国际收支状况得到改善，最终美国的经济在 E$_1$ 点重新达到内外均衡。这时，美国利率下降，美元贬值，国民收入增加。

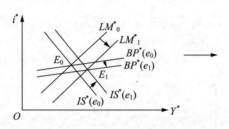

图 4 - 8　美国货币政策的扩张

美国国民收入的上升会带来对中国出口的需求上升，从而造成中国的 IS 曲线右移，总产出增加，利率 i 上升，国民收入 Y 上升，国民收入上升则进口相应上升，进口上升会使中国的国际收支有恶化的倾向；但利率上升能够吸引更多的资本流入，两者相比较，BP 的利率弹性比 LM 的利率弹性大，国际收支盈余。由于人民币汇率固定，所以货币供给增加，LM 右移，直到三线交于 E_1，最终结果是中国的利率上升较少，国民收入增加较多，如图 4 -9 所示。

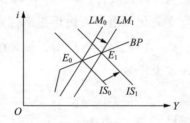

图 4 - 9　美国货币政策的扩张对中国的影响

2. 美国采取紧缩性的货币政策

当美国采取紧缩性的货币政策时，如图 4 - 10 所示，LM^* 曲线左移，导致货币供应量下降，利率 i^* 上升，国民收入 Y^* 减少；利率上升和国民收入减少带来国内产出的减少，从而 IS^* 发生左移，国民收入的减少也带来进口的减少。另外，利率上升导致资本流入，从而美国的国际收支出现顺差，美元升值，BP*曲线左移，最终美国的经济在 E_1 点重新达到内外均衡。这时，美国利率上升，美元升值，国民收入减少。

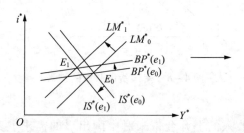

图 4 – 10   美国货币政策的紧缩

如图 4 – 11 所示，美国国民收入的下降会导致对中国出口的需求下降，从而造成中国总需求下降，IS 曲线左移，利率 i 下降，国民收入减少，利率下降导致资本流出，出口减少和资本流出的双重影响造成中国的国际收支出现恶化，国民收入减少会使进口相应减少，从而使国际收支状况得到改善，但是，BP 的利率弹性比 LM 的利率弹性大，国际收支恶化。由于人民币汇率固定，所以，货币供给相应减少，LM 左移，直到三线交于 E_1，最终结果是中国的利率降低较少，国民收入减少较多。

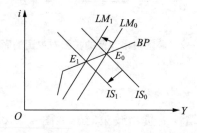

图 4 –11   美国货币政策的紧缩对中国的影响

（二）中国利率低于美国利率

1. 美国采取扩张性的货币政策

美国货币政策的扩张依然如图 4 – 8 所示，但对中国的影响却不同，如图 4 – 12 所示。美国国民收入上升，导致中国 IS 曲线右移，利率上升，国民收入增加。但 BP 的利率弹性小于 LM 的利率弹性，国际收支赤字，由于汇率固定，迫使货币供给减少，LM 曲线左移，最终三线相交于 E_1 点，与 E_0 点相比，利率上升，国民收入增加。但与中国利率高于美国利率时相比，利率上升较多，而国民收入增加较少。

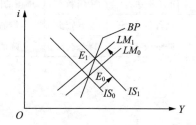

图 4 – 12　美国货币政策的扩张对中国的影响

2. 美国采取紧缩性的货币政策

美国货币政策的紧缩依然如图 4 – 10 所示，美国国民收入的下降会导致对中国出口的需求下降，从而造成中国总需求下降，IS 曲线左移，利率 i 下降，国民收入减少，但由于 BP 的利率弹性比 LM 的利率弹性小，国际收支顺差。由于人民币汇率固定，所以，货币供给相应增加，LM 左移，直到三线交于 E_1，与 E_0 点相比，利率下降，国民收入减少。但与中国利率高于美国利率时相比，利率下降较多，而国民收入减少较少（见图 4 – 13）。

综上所述，可得表 4 – 1。

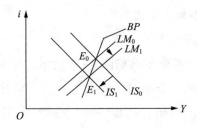

图 4 - 13   美国货币政策的紧缩对中国的影响

表 4 - 1   美国货币政策对中国经济的影响

		$i > i^*$		$i < i^*$	
		中国的国民收入	中国利率	中国的国民收入	中国利率
美国货币政策	扩张	增加较多	上升较少	增加较少	上升较多
	紧缩	降低较多	降低较少	降低较少	降低较多

第三节   基于不可能三角理论的分析

不可能三角是指一个国家不能同时实现汇率固定、资本自由流动和货币政策独立这三个目标。易纲（2001）将不可能三角理论进行了扩展，认为该理论只是展示了三个政策目标之间的联系，并不是只有角点解，可以采用不同程度政策的组合。

在易纲的研究中，可以通过构造一个标准化的分别代表汇率稳定、资本流动和货币政策独立性的指标体系（x，y，z）。在该指标体系中，当 x = 0 时，代表汇率完全自由浮动；当 x = 1 时，代表汇率完全固定；当 y = 0 时，代表失去货币政策独立性；当 y = 1 时，代表货币政策完全独立；当 z = 0 时，代表严格的资本管制；当 z = 1 时，代表资本完全自由流动。除角点解之外的中间值代表政策的中间状态。这样，每一个指标体系都代表了一个可能的政策组合，并且 x + y + z = 2。每个点到三边的距离分别为 1 - x、1 - y 和 1 - z，分别代表货币政策的独立程度、资本流动自由程度和汇率自由浮动程度（见图 4 - 14）。

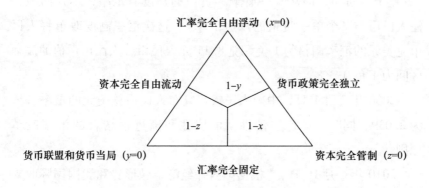

图 4 - 14　扩展不可能三角①

从不可能三角出发，一国需要选择代表不同政策组合的（x，y，z），这里实际上就是货币政策国际协调的范畴。当实行固定汇率制度，也就是 x = 1 时，随着资本自由流动的增强，也就是 z 的变大，货币政策的独立性将会削弱，y = 2 - x - z 将变小。从中国的实践出发，当前的特点表现在以下三个方面：

（一）相对固定的汇率制度

从 1994 年 1 月 1 日开始，我国的汇率制度采用以市场供求为基础的、有管理的、单一的浮动汇率制度。但实际上，这一阶段人民币的汇率基本保持稳定，汇率制度实际上是盯住美元的固定汇率制度。为了维持固定汇率制度，中央银行通过强制企业结售汇，对经营外汇业务的商业银行周转头寸进行限额管理和公开市场操作。

2005 年 7 月 21 日，我国实行了人民币汇率改革，初步形成了以市场供求为基础、参考"一篮子"货币进行调节、有管理的浮动

---

① 引自易纲、汤弦《汇率制度"角点解假设"的一个理论基础》，《金融研究》2001 年第 8 期。

汇率制度。主要包括三个方面的内容：一是以市场供求为基础的汇率浮动，发挥汇率的价格信号作用；二是根据经常项目主要是贸易平衡状况动态调节汇率浮动幅度，发挥有管理的优势；三是参考"一篮子"货币，即从"一篮子"货币的角度看汇率，不片面地关注人民币与某个单一货币的双边汇率。① 这次汇率制度改革将人民币兑美元的汇率调整为 1 美元兑 8.11 元人民币，人民币币值的波动区间为正负 0.3%。

2006 年 3 月 1 日，中国人民银行宣布人民币兑美元的汇率升值为 8.039，同时，坚持主动性、可控性和渐进性结合的汇率改革原则。

2010 年 6 月 19 日，"根据国内外经济金融形势和我国国际收支状况，中国人民银行决定进一步推进人民币汇率形成机制改革，增强人民币汇率弹性。改革重在坚持以市场供求为基础，参考'一篮子'货币进行调节。人民银行将继续按照已公布的外汇市场汇率浮动区间，对人民币汇率浮动进行动态管理和调节。"②

汇率制度改革以来，人民币汇率实行有限浮动，中央银行被动地吸纳外汇，导致货币供给的被动增加，中央银行无法针对国内经济形势对货币数量实施积极有效的管理。

（二）资本流动的管制逐步放松

资本项目可自由兑换指的是一国货币不仅在国际收支经常性往来中可以自由兑换成其他国家的货币，而且在资本项目下也可以自由兑换。资本项目的自由兑换意味着取消了对外汇收支的一切管制，居民不仅可以通过经常项目的账户交易，也可以自由地通过资本账户交易，所获的外汇既可在外汇市场上自由出售满足资产需求，也可自行在国内或国外持有。

我国于 1996 年 12 月开始正式实施了人民币经常项目的可自由

---

① 中国人民银行网站。
② 2010 年第二季度中国货币政策大事记。

兑换，尚未实现资本项目的完全自由可兑换。对一个国家来说，在经常账户已经开放的前提下，实现资本账户可自由兑换是金融自由化的重要步骤，是经济发展到一定水平的结果，是更加广泛地参与世界经济往来的客观要求。目前，随着我国多项措施的施行，资本账户开放谨慎、循序渐进的进程得以积极推进。根据国际货币基金组织的分类，截至 2004 年年底，中国已实现可兑换的资本项目共计11 项，占七大类 43 项资本交易项目总体的 25.6%；较少限制和较多限制的各计 11 项和 18 项，分别占 25.6% 和 34.9%；严格管制的有 6 项，占 13.9%，实现部分可兑换。2005 年，我国引入外国投资到银行间债券市场、允许国际金融机构成为境内人民币债券的发行主体、允许国内保险公司境外运用外汇资金等。2006 年，资本项目的开放力度较之前更大。在 4 月 13 日的中央人民银行公告中，允许银行、证券公司、保险公司等金融机构在一定范围内，以自营方式或通过代客理财的途径进行境外投资。同时，五部委在 2006 年年初联合发布了《外国投资者对上市公司战略投资管理办法》，意味着外国投资机构已获准进入 A 股，且首家外资战略投资者将于年底获批。降低 QDII 及 QFII 准入门槛的最终推出，象征着中国资本项目管制在 QFII 和 QDII 两端的 "松绑"。此外，在国家外汇管理局发布的《关于调整部分境外投资外汇管理政策的通知》中，宣布自 2006 年 7 月 1 日起取消境外投资购汇的额度限制，这就为对外直接投资和开展跨国经营提供了便利的环境。可以看出，我国资本项目开放的进程已经实现顺利过渡并达到渐入佳境的状态。根据国家外汇管理局相关人士的预测，我国资本项目将在较短时间内实现基本可兑换（一般来说，75% 以上可兑换称为基本可兑换，但也有专家称该比例达到 2/3 即可）。

　　总的来说，跨境资本双向流动的格局已经在我国初步形成，主要表现在以下三个方面：一是资本流入规模已达到相当水平。据统计，截至 2007 年年底，我国的外债余额达到 3736 亿美元，同时，实际使用外资金额累计也达到 9545.65 亿美元。二是资本输出日益增加。我国非金融类境外投资机构现今已有近万家，协议投资总额也已愈百亿元规模。三是通过多元化的外资渠道迅速扩大交易规模。最初的融资渠道如借用外商直接投资和外国政府贷款等在形式上较为单一，后来逐渐发展扩大到包括国际商业贷款、项目融资、境内发行外资股、境外发行股票和债券、受让境内上市企业的国有股和外资并购中资企业等在内的多元化融资模式。

在国家外汇管理局公布的国际收支平衡表中，根据过去每年的净误差与遗漏账户余额可以知道，自20世纪90年代以来，我国的资本隐性出入现象一直较为严重（见图4-15）。

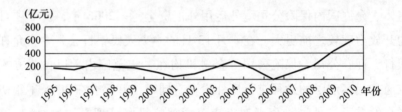

图4-15　国际收支平衡表中净误差与遗漏

2001年以前，中国净误差与遗漏账户余额一直为负值，这说明存在隐性资本的流出。据统计，1989—1997年我国的资本外逃累计余额为634.4亿—1915.3亿美元。由于人民币贬值预期的存在，1997年亚洲金融危机期间，资本外逃规模进一步扩大，在1997年和1998年其数额分别达到364.74亿美元和386.37亿美元。净误差与遗漏账户余额到2002年成为正值，表明中资比例为主的海外资金有了规模回流的迹象，这对资本流向的判断具有重要意义。这些资金的"海归"与我国新一轮投资周期的启动及其巨大的资金需求背景息息相关。从2003年开始，人民币升值预期已经明显地推动了国际游资的涌入。进入中国市场的游资规模据估计约为3500亿美元，它们对我国的金融市场、房地产市场和民间拆借市场等表示出极大的兴趣，也在一定程度上对中国股市、房市造成冲击。近年来，隐性资本流动的波动也日益频繁，如2005年由正转负的净误差与遗漏账户余额，在2007年又由负转正。国内外经济环境的变化是影响隐性资本流动的一个重要因素，进而关系到国内货币政策的制定。

（三）汇率政策与利率政策存在多次冲突

综上分析可知，资本流动管制的逐步放松和人民币汇率的相对固定对中国货币政策的独立性造成了一定的影响。由于美国货币政策的调整，美元汇率及国内外利差出现变动，中国的货币供应量调控势必受到相应的影响，从而在很大程度上限制了中国货币政策的制定。

就实际情况而言，随着加入世界贸易组织后资本与金融账户自由化的发展，在维持汇率稳定的前提下，中国货币政策的独立性遭遇了强烈的冲击，汇率政策和货币政策之间的冲突时有发生，其中有四次冲突较为明显。

第一次发生于1994—1996年，即抑制通货膨胀的货币政策和大幅增加的外汇储备之间的冲突。1994年的外汇管理体制改革确立了有管理的浮动汇率制度与强制结售汇体制，由于出口退税等优惠政策，外汇储备迅速增长，人民币升值的预期增加。同时，中央银行急需采取相应的货币政策来抑制国内经济过热和通货膨胀。为此，中央银行进行了入市干预，以维护人民币汇率的稳定。1994年，我国外汇储备增长额达304.2亿美元，其中，基础货币增加额中有75%为外汇占款。中央银行采取了回收贷款等中和措施，以稳定基础货币的增加额，达到控制通货膨胀的目的。但是，由于金融机构非国有化的增加及金融创新的推出导致货币乘数放大，使1994年M2增长率仍居高不下，达到34.9%，同时CPI也上涨24.1%，从而影响了内部价格的稳定。

第二次是1998年发生的控制通货紧缩的货币政策和迅速下降的外汇储备增幅之间的冲突。自1998年年初中国经济在亚洲金融危机中所受的一系列负面影响日益凸显。1998年5月，资本账户自1993年以来第一次出现逆差，数额为63.2亿美元；而外汇储备的增加在本年仅约 50 亿美元。同时，中国国内也出现了经济紧缩。自 1994 年以来，国内迅速增加的外汇储备导致基础货币的投放更多地依赖外汇占款，1998 年外汇储备增幅的急剧下降也使基础货币投放的增幅出现降低，从而加剧了通货紧缩的程度。

第三次是发生于 1998—2000 年的本外币利率倒挂和汇率稳定之间的冲突。自 1998 年以来，我国国内经济面临有效需求减少、人民币实际汇率升高、出口商品竞争力削弱等问题。中国政府没有相应地采取适度扩张和贬值的货币政策，而是在此时实行了稳定的汇率政策，以协调国际货币体系，防止新的亚洲货币危机。但是，由于经济周期的不一致，人民币与美元利差增大，从而出现本外币利率倒挂现象。人民币利率水平的相对过低造成国内企业和个人持有外汇的意愿显著增强，从而导致外币存款迅速增加和外汇贷款的下降，外汇储备增幅的下降使人民币面临空前的贬值压力。

第四次冲突发生于 2003—2007 年，时值人民币面临升值压力，而国内的投资过热又提出紧缩货币的要求。在加入世界贸易组织后，中国对外贸易环境逐渐改善、商品低成本的比较优势日益显现，从而美国货币政策的溢出效应对我国的影响也更加显著。同时，中国也进行了一系列放松资本项目下金融管制的改革，如 QFII 制度等。根据中央银行首次发布的《2004 年公开市场业务报告》的统计，2004 年，中央银行因外汇占款所投放的流动性已达到月均超过 1000 亿元，比 2001 年增加了两倍多。在国内固定资产投资过热的环境下，过多的基础货币投放使中央银行只能通过上调存款准备金率来抑制信贷的快速扩张，从而实现稳定物价的目标。

第四节　极度宽松货币政策背景下的货币政策国际协调需求

2007 年，以美国的次贷危机为导火索，爆发了大规模的国际金融危机。国际金融危机之后，各个国家纷纷推出了极度宽松的货币政策，主要经济体的利率水平纷纷下降，达到历史的最低水平，例如，美联储和日本银行将利率下调到接近零的水平，欧洲中央银行和英格兰银行也将其利率调至历史最低水平。除价格政策之外，全球主要经济体也通过延长到期债券期限、放宽担保品限制以及扩大交易对手范围等措施，为金融市场注入了大量的流动性。在信贷政策领域，很多国家的中央银行也采取了宽松的政策，国际金融危机爆发后，美联储的资产规模扩大了一倍多，英格兰银行的资产规模增大了两倍多。

在扩张性的货币政策刺激下，全球经济逐步走出危机的阴影，一些国家的中央银行开始考虑退出政策，如澳大利亚、挪威等国家的中央银行纷纷提高了基准利率，美联储和欧洲中央银行也开始着手实施一些局部的退出战略。从极度宽松的货币政策的退出机制出发，一国的中央银行必须考虑两个层面：第一，国内层面，各国的中央银行必须要在抑制通货膨胀和促进经济复苏之间进行权衡，要对经济复苏的情况有深入的了解，以决定何时退出、如何退出、退出步骤以及与公众沟通的问题；第二，国际层面，在全球经济一体化趋势不断增强的背景下，要重视宽松货币政策退出中的国际协调问题，"国际协调是成功退出的关键"。[①] 在危机期间，各国中央银行稳定金融市场的联合措施非常成功，在逆转政策时也需要国际范围内的协调。

在退出过程中，一个国家的货币政策会通过汇率变化、国际资本流动以及外部需求变化等方式对他国产生货币政策的溢出效应。同理，其他国家的退出政策也会对本国经济产生溢出效应，因此，要取得良好的退出效果，必须充分考虑货币政策的国际协调。如果不采取协调的政策，如果一两个主要国家的中央银行实施退出战略

---

① Cottarelli and Vinals, 2009, "Looking a head" [J], *Finance and Development*, 2009 (9), pp. 20 –23.

后，全球其他国家的中央银行大量跟进，就会造成全球范围内的流
动性紧张，如果紧缩的力度过大就可能中断来之不易的经济复苏进
程。不实施协调的退出机制也有可能造成各国中央银行各自为政的
格局，一国实施退出政策后，如果出现大量抵消行为，那么货币政
策的退出就很难达到预期的效果。最后，如果缺乏退出政策的国际
协调，则很容易造成国际范围内资本的大规模流动，而这必将加剧
各国货币政策制定的难度。

第五章　我国进行货币政策国际协调必要性的实证分析

——基于美国货币政策溢出效应的检验

在开放经济中，一国的经济调整会对其他国家经济造成影响，因此，必须考虑各国的相互影响，溢出效应描述的就是一国货币政策对他国家经济所产生的影响。

一国货币政策的溢出效应一般可以通过三种渠道影响其他国家。一是政策渠道。出于实现外部均衡的考虑，中国货币政策会对外国货币政策的变动做出反应，中国货币政策的变动会通过利率渠道、其他资产价格渠道和信用渠道作用于中国产出。二是贸易渠道。外国货币政策调整会通过支出转换和收入吸收两种效应影响中国的贸易收支，进而影响中国产出。三是资产价格渠道。外国货币政策变动带来的国际资本流动和投资者预期心理的变动影响到中国的资产价格，而资产价格的变化会通过财富效应和托宾 Q 作用于中国产出。图 5-1 可以用来说明货币政策通过贸易渠道传导的溢出效应。

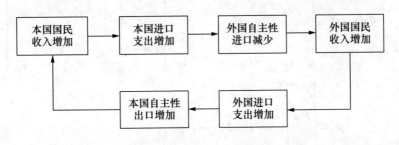

图 5-1　货币政策通过贸易渠道传导的溢出效应

图 5 – 1 显示，一国货币政策的变化导致了本国国民收入的变化，本国国民收入增加后，在边际进口倾向的作用下，本国的进口支出将增加，同时意味着外国自主性出口的增加，在收入乘数的作用下，外国国民收入将增加，这就是货币政策的溢出效应。在外国的国民收入增加后，相应地，外国对本国商品进口的支出也将增加，即本国自主性出口增加，在收入乘数的作用下，本国的国民收入将会增加，这就是货币政策的反馈效应。

第一节　研究方法、模型设立与数据来源

一　结构向量自回归模型

1997 年，两位意大利计量经济学家 Amisano 和 Giannini 在他们的专著中比较透彻地总结了结构向量自回归模型（SVAR）的设立、识别、估计以及应用等内容，完成了结构向量自回归模型应用的里程碑式的工作。由于其能够捕捉系统内各个变量之间的即时的结构性关系，因此，在货币政策传导和溢出效应的检验中成了最常用的方法。

一个包含 k 个变量的 p 阶结构向量自回归模型 SVAR（P）可以表示为：

$$C_0 y_t = \Gamma_1 y_{t-1} + \Gamma_2 y_{t-2} + \cdots + \Gamma_p y_{t-p} + \mu_t, \quad t = 1, 2, \cdots, T \quad (5-1)$$

式中，$C_0 = \begin{bmatrix} 1 & -c_{12} & \cdots & -c_{1k} \\ -c_{21} & 1 & \cdots & -c_{2k} \\ \vdots & \vdots & 1 & \vdots \\ -c_{k1} & -c_{k2} & \cdots & 1 \end{bmatrix}$, $\Gamma_i = \begin{bmatrix} \gamma_{11}^i & \gamma_{12}^i & \cdots & \gamma_{1k}^i \\ \gamma_{21}^i & \gamma_{22}^i & \cdots & \gamma_{2k}^i \\ \vdots & \vdots & \ddots & \vdots \\ \gamma_{k1}^i & \gamma_{k2}^i & \cdots & \gamma_{kk}^i \end{bmatrix}$,

$\mu_t = \begin{bmatrix} \mu_{1t} \\ \mu_{2t} \\ \vdots \\ \mu_{kt} \end{bmatrix}$, $i = 1, 2, \cdots, p$。

也可以将式（5-1）用滞后算子的形式表达为：

$$C(L)y_t = \mu_t, \quad E(\mu_t\mu_t') = I_k \tag{5-2}$$

式中，$C(L) = C_0 - \Gamma_1 L - \Gamma_2 L^2 - \cdots - \Gamma_p L^p$，$C(L)$ 是滞后算子 L 的 $k \times k$ 参数矩阵，$C_0 \neq I_k$。

结构向量自回归模型中变量之间的当期关系并没有直接给出，而是隐藏在误差项相关关系的结构中。SVAR 模型正是运用了施加约束条件的方法，解决了参数过多的问题。一般来说，当系数矩阵 C_0 为下三角矩阵时，结构向量自回归模型具有递归结构，此时，变量间的同期影响具有 Wald 因果链①的形式。西姆斯（Sims，1980）的研究指出，在递归结构下，对 I_k 进行乔尔斯基（Cholesky）分解，就能够对结构向量自回归模型进行识别。但是，进行乔尔斯基分解时，需要注意变量的位置，使其满足 Wald 因果链的假设。

本书在对结构向量自回归模型进行识别时就采用了西姆斯的方法，假设 C_0 具有递归结构，在处理变量的顺序问题时，采用克里斯蒂安诺等（Christiano et al.，1998）的方法。克里斯蒂安诺等在研究货币政策的冲击时，将 y_t 中的变量分为三个组成部分：

$$y_t = \begin{pmatrix} y_{1t} \\ y_{2t} \\ y_{3t} \end{pmatrix} \tag{5-3}$$

式中，第一部分 y_{1t} 是 k_1 个当期影响变量，这部分变量的当期值出现在货币当局 t 期的信息集内，也就是中央银行在制定货币政策时所包含的经济变量的当期值。第二部分 y_{2t} 是货币政策工具，如美联储在执行货币政策时所采取的联邦基金利率等工具。第三部分是时滞影响变量，这部分的变量的当期值并不出现在中央银行货币当局当期的信息集中。本书就是按照这样的方法对结构向量自回归模

---

① 任意两个变量的同期影响方式都是单向的，位置靠前的变量对位置靠后的变量具有当期影响力，而位置靠后的变量对位置靠前的变量没有当期影响力。

型进行识别,克里斯蒂安诺等的研究表明,在这样的变量位置安排条件下,采用乔尔斯基分解可以对结构模型的冲击进行识别。

二 模型设立

金(Kim,2001)提出了在建立 VAR 系统时需要注意的基本原则,一是要使 VAR 系统中美国宏观经济变量对美国货币政策冲击的脉冲响应与理论预期较为吻合;二是要符合建模的节约原则,即对于多个脉冲响应结果相近的 VAR 系统,选择其中变量较少的一个作为基准模型;三是基准 VAR 系统应能比较容易地用于拓展,以便研究美国货币政策对其他变量的影响。结合以上标准,并参考已有对美国货币政策国内传导和国际传导的实证研究文献,本书选取了以下经济变量来构建 SVAR 模型。

第一部分是 y_{1t},也就是中央银行 t 期信息集内的变量包括产出、物价和反映国际收支状况的变量。产出和物价变量是研究货币政策所采用的 SVAR 中一般都会包含的变量,这两个变量反映了一国宏观经济总体运行的状况,而且符合货币政策泰勒规则的要求。本书在第一部分变量中将反映国际收支状况的变量也放在其中,原因就是在开放经济条件下,由于贸易和资本国际流动的作用,一国的货币政策最终目标的实现要严重依赖于国际收支状况。在研究美国货币政策的溢出效应时,这部分的变量本书采用了美国月度工业生产指数代表美国的月度 GDP 水平,用美国的月度 CPI 计算美国的月度通货膨胀水平,用美国的净出口数据代表美国的国际收支状况。同时,为了保证数据序列的平稳性以及保证使用 SVAR 模型,本书对工业生产指数进行了取对数处理,对净出口数据序列采用取绝对值,然后取对数的处理方法。

第二部分是货币政策的工具部分,这部分的变量依据研究对象的不同而有所不同。以美国为例,一般采用联邦基金利率和非借入储备①作为代理变量。以中国为例，由于一般认为我国货币政策的中介目标仍然是货币供应量，因此多用 M2 作为货币政策工具。在这一部分，对利率水平没有进行处理。

第三部分的时滞变量同样要根据研究对象的货币政策执行情况进行分析，国外学者在对美国的货币政策进行研究时，一般将货币供应量放在这一部分。如克里斯蒂安诺等（1998）就将货币供应量作为美国货币政策 SVAR 系统中的滞后变量。Shin（2000）同样将货币供应量作为中央银行的滞后变量，并且认为，加入货币供应量能够起到稳定系统的作用。在这一部分，对 M2 数据序列采用了取对数处理方法。

当研究一国货币政策冲击对他国经济变量的影响时，需要对上述的基准 SVAR 模型进行扩展。这里需要注意的是，将新加入的变量放置位置的问题。一种方法是将新变量放入 y_{2t} 和 y_{3t} 之间，此时研究的货币政策冲击的影响无当期效应。另一种方法是将新变量放到 y_{3t} 之后，此时研究的货币政策冲击的影响有当期效应。两种方法都可行，从实证结果稳健性的角度出发，本书将同时采用两种模型扩展方法，发现包含当期效应和不包含当期效应的脉冲响应结果高度一致，因此，本书中只给出了包含当期效应的实证结果。

根据以上分析，可以得到本书在进行实证研究时采用的具体的模型分析框架：

$$C_0 \begin{Bmatrix} USGDP_t \\ USCPI_t \\ USNX_t \\ FFR_t \\ USM2_t \\ Y_t \end{Bmatrix} = \Gamma_1 \begin{Bmatrix} USGDP_{t-1} \\ USCPI_{t-1} \\ USNX_{t-1} \\ FFR_{t-1} \\ USM2_{t-1} \\ Y_{t-1} \end{Bmatrix} + \Gamma_2 \begin{Bmatrix} USGDP_{t-2} \\ USCPI_{t-2} \\ USNX_{t-2} \\ FFR_{t-2} \\ USM2_{t-2} \\ Y_{t-2} \end{Bmatrix} + \cdots +$$

---

① 非借入性储备作为美国中央银行货币政策的代理变量时，一般有两种形式：一是绝对的非借入储备数额；二是非借入储备占总储备的比例。

$$\Gamma_p \begin{Bmatrix} USGDP_{t-p} \\ USCPI_{t-p} \\ USNX_{t-p} \\ FFR_{t-p} \\ USM2_{t-p} \\ Y_{t-p} \end{Bmatrix} + \mu_t \qquad (5-4)$$

式中，p 为选择的滞后阶数，最后一个变量 Y_t 代表模型中考察的受美国货币政策冲击的变量。为了方便，将式（5-4）的实证模型表示为 $\{USGDP,\ USCPI,\ USNX,\ FFR,\ USM2,\ Y\}$。

三 变量说明

在本书以下的实证研究中，用 USGDP 代表美国的产出序列，用 USCPI 表示美国的通货膨胀序列，用 USNX 表示美国的国际收支状况，用 FFR 代表联邦基金利率，用 USM2 代表美国的广义货币供应量序列，用 CHGDP 代表中国的产出序列，用 CHCPI 代表中国的通货膨胀序列，用 CHI 代表中国的利率水平，用 CHNX 代表中国的净出口情况，用 CHSZZZ 代表用上证综指计算的资产收益率。

四 数据来源

本书以下实证研究的样本区间如无特殊说明均为 1995 年 1 月到 2010 年 12 月，采用月度数据进行分析，总计 192 个数据样本。原始数据主要来源于 Wind 资讯数据库、Resset 数据库、国际货币基金组织数据库和美联储网站。

第二节 美国货币政策对中国经济溢出效应存在性检验

长期以来，美国在全球经济中扮演着超级大国的角色，在国际经济政策的制定中具有十分重要的地位，一些国际经济组织甚至在某种意义上成了美国经济利益的代理人。在货币政策国际协调的框架内,"经济最发达国家的货币政策对其他国家的影响最为显著,而美国以外的其他国家的货币政策的国际传递效应则较之相比微弱得多"。① 因此,当代学者十分关注美国货币政策的变化,尤其是在2007年爆发的美国次贷危机引发国际金融危机之后,学者更加关注美国货币政策的调整对全球经济的影响。

自改革开放以来,中国经济发展取得了重大的成就,对外开放度也不断增强。随着经济对外开放的深入,中国经济与世界经济之间的联系也达到了空前紧密的程度,来自外部的货币政策冲击尤其是来自美国的冲击对中国宏观经济的运行影响也越来越重要。本书接下来将对美国货币政策对中国产出和物价的溢出效应进行研究。

一　对中国产出溢出效应的存在性检验

首先,使用｛USGDP, USCPI, USNX, FFR, USM2｝这5个美国的经济变量组成的基准 VAR 系统进行估计②,在此基础上,通过加入新的变量来研究美国的货币政策对中国经济变量的影响。在这一部分,我们加入了中国的月度 GDP 序列和中国的月度 CPI 序列,来考察美国货币政策对中国产出水平和通货膨胀水平的影响。

在考察美国货币政策对中国产出的溢出效应时,我们利用对产出影响的当期估计模型｛USGDP, USCPI, USNX, FFR, USM2, CHGDP｝。

式中,中国的月度 GDP 序列采用中国的月度工业增加值序列作为代理指标。研究表明,按年度数据计算的 GDP 和工业增加值之间的相关系数高达99%,这一替代方法也是学者进行相关研究时经常采用的做法,因此,这种替代方法是合理的。在国家统计局网站上,只有2006年11月之前的名义工业增加值,2006年11月之后

---

① Kim, Soyoung, "International Transmissions of U. S. Monetary Policy Shocks: Evidence from VAR's" [J]. *Journal of Monetary Economics*, 2001.

② 估计的具体结果见附录。

国家统计局只公布同比增长率，这个同比增长率是经过价格调整的。因此，2006 年 11 月之后的工业增加值数据只能通过同比增长率近似地得到。根据锐思数据库的说明，工业增加值增长率从 1991 年以后是使用 1990 年的不变价格计算的。因此，本书在计算 2006 年之后的实际的工业增加值时，采用下面的方法计算，比如 1992 年 2 月的工业增加值 = 1990 年 2 月工业增加值 × （1992 年 2 月的同比增长率 + 1） × （1991 年 2 月的同比增长率 + 1）。同理，可以算出其他年份的工业增加值。利用这种方法进行试算与已公布的数据仍然存在一定的误差，但是，在几种可行的方法比较后，这种方法的差距较小。另外，2007—2010 年缺少 1 月的工业增加值增长率，本书用 2 月的数据进行了近似地替代。对于已经公布的名义工业增加值数据利用 CPI 得到实际工业增加值数据，同时利用 X_{12} 季节调整消除了季节波动的影响。

从表 5 - 1 的 AIC 等信息准则的角度出发，选择的结构向量自回归的系数为 3。

表 5 - 1　美国货币政策对中国产出影响模型的滞后阶数选择标准

Lag	LogL	LR	FPE	AIC	SC	HQ
0	- 1679. 278	N - A	61. 43557	18. 30737	18. 39474	18. 34278
1	- 187. 5787	2886. 115	7. 32e - 06	2. 364986	2. 889160 *	2. 577440
2	- 140. 4733	88. 57872	5. 76e - 06	2. 124709	3. 085695	2. 514209 *
3	- 107. 4052	60. 38510	5. 29e - 06 *	2. 037013 *	3. 434811	2. 603558
4	- 86. 56474	36. 92390	5. 55e - 06	2. 082225	3. 916835	2. 825816
5	- 61. 92354	42. 31857 *	5. 59e - 06	2. 086125	4. 357547	3. 006761
6	- 40. 55973	35. 52895	5. 86e - 06	2. 125649	4. 833883	3. 223330
7	- 25. 12488	24. 82998	6. 56e - 06	2. 229618	5. 374664	3. 504345
8	- 5. 134395	31. 07217	7. 02e - 06	2. 284070	5. 865927	3. 735841

注：* 表示 $p < 0.01$。

利用递归假设对模型进行识别可以得到美国货币政策对中国的溢出效应的动态影响。美国货币政策冲击对中国产出的动态影响可以从图 5－2 的脉冲响应函数中看到，图 5－2 中，横轴表示冲击作用的月数，纵轴表示中国产出代理变量 CHGDP 的变化程度。

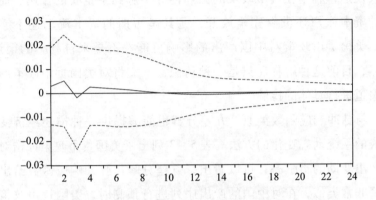

图 5－2　美国货币政策冲击对中国产出的脉冲响应

表 5－2　　　　　　　　　FFR 冲击对 CHGDP 的脉冲响应值

期数	1	2	3	4	5	6
脉冲值	0.003011694	0.005211623	－0.00180641	0.002598442	0.002169923	0.00175942
期数	7	8	9	10	11	12
脉冲值	0.001336951	0.000749026	0.000208848	－0.0002337	－0.00054219	－0.00054219

FFR 一个标准差的冲击代表着美国紧缩性货币政策的冲击。从表 5－2 中可以看到，美国的货币政策对中国产出的影响主要是一种短期内的影响，集中在前 3 个月。随着时间的推移，这种影响在 3—8 个月的时间内基本上是围绕 0 上下波动，8 个月之后基本上没有影响。从影响的方向来看，美国的货币政策对中国产出最主要的是一种负向的影响，即紧缩性的货币政策会带来中国产出的短暂增加，宽松性的货币政策会带来中国产出的短暂减少。

这一实证研究结果与 Shin（2000）对韩国的研究结论基本一

致，即美国货币政策对产出的溢出是负向的。与金（2001）对七国集团的研究结论相反，美国货币政策对七国集团产出的溢出效应是正向的。美国货币政策对中国产出的溢出效应与发达国家不同的原因可能是货币政策溢出效应的影响渠道不同，发达国家的金融市场比较发达，利率在货币政策的国际传导中起到了重要的作用，而中国的资本账户还没有完全放开，尤其是短期的资本流动还不够通畅，美国货币政策对中国产出的影响可能并不是来自利率的渠道。当然，目前这种解释还只是一种猜想，下文将对美国货币政策的溢出渠道进行具体的检验。

与脉冲响应函数类似，方差分解也能够提供一种描述经济变量组成的系统动态变化的方法。表 5-3 列出了美国货币政策冲击对中国产出变动的贡献率，可以看出，方差分解与脉冲响应函数给出的结论非常类似，在对中国的产出序列进行预测时，美国货币政策变量在第二个月对其贡献率最大，之后随着时间的推移呈现下降的趋势。

表 5-3　　　　FFR 变动对 CHGDP 的贡献率（方差分解）

时期（月）	1	2	3	4	5	6
贡献率	0.076866	0.215648	0.184225	0.175504	0.163725	0.152557
时期（月）	7	8	9	10	11	12
贡献率	0.143507	0.136150	0.131096	0.128359	0.127474	0.127704

二　对中国物价溢出效应的存在性检验

在研究美国货币政策对中国通货膨胀水平的溢出效应时，我们采用了如下当期估计模型：{USGDP, USCPI, USNX, FFR, USM2, CHCPI}，其中，中国的月度通货膨胀序列采用 CPI 指数作为代理变量，为了保持序列的平稳性，进行了取对数处理。从表 5-4 的 AIC 等信息准则的角度出发，选择的结构向量自回归的系数为 3。

表5-4 美国货币政策对中国物价影响模型的滞后阶数选择标准

Lag	LogL	LR	FPE	AIC	SC	HQ
0	-1237.929	N-A	0.030008	13.52097	13.62581	13.56346
1	504.0076	3351.335	2.66e-10	-5.021822	-4.287978*	-4.719425
2	563.0062	109.6604	2.07e-10	-5.271806	-3.908953	-4.724385*
3	602.7391	71.26020	1.99e-10*	-5.312382*	-3.320520	-4.505055
4	635.3040	56.28058	2.08e-10	-5.275044	-2.654172	-4.212772
5	668.8047	55.71315*	2.16e-10	-5.247877	-1.997997	-3.930660
6	696.7529	44.65635	2.39e-10	-5.160358	-1.281468	-3.588195
7	717.2922	31.47868	2.88e-10	-4.992306	-0.484407	-3.165199
8	750.1316	48.18832	3.06e-10	-4.957953	0.178956	-2.875900

注: * 表示 $p < 0.01$。

美国货币政策对中国通货膨胀的动态影响可以从图5-3的脉冲响应中得到,图5-3中,横轴代表冲击发生的月数,纵轴代表中国月度通货膨胀率的变动。从脉冲响应图中可以看到,美国货币政策的变化对中国的通货膨胀水平存在影响,FFR一个标准差的新息冲击会带来中国通货膨胀水平的一个正的增加,但是,增加的程度呈现出先上升后下降的动态趋势。也就是说,当美国实施紧缩的货币政策时,中国的通货膨胀水平会上升,这种上升在前3个月达到峰值,之后就逐月下降,但是,这种正的影响在长期一直存在。反之,当美国实施宽松的货币政策时,中国的通货膨胀水平会先下降,在3个月后逐渐上升,但总的影响效果是负的,并且这种效应长期存在。

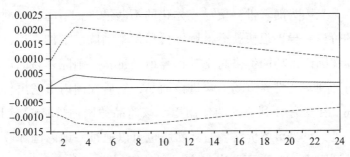

图5-3 美国货币政策冲击对中国物价的脉冲响应

美国货币政策对中国通货膨胀水平序列的方差分解得出了比较类似的结论。从表 5 - 5 中可以看到，来自联邦基金利率的冲击对通货膨胀的影响呈现出一个先上升后下降的趋势，与脉冲响应的结果不同的是峰值出现在第 5 个月。

表 5 - 5　　　　　　　　　FFR 对 CHCPI 的脉冲响应值

时期（月）	1	2	3	4	5	6
贡献率	0.007536	0.117113	0.227046	0.252585	0.25937	0.259116
时期（月）	7	8	9	10	11	12
贡献率	0.255750	0.251684	0.248145	0.245609	0.244145	0.243636

我们的实证结果显示，美国紧缩的货币政策会使中国的通货膨胀显现出先上升后下降的趋势，但总的影响是正向的。产生这样的结果可能有两个原因：一是货币政策的时滞。这里说的时滞除包括美联储货币政策的外部时滞（美联储货币政策的变化对美国经济运行产生作用的时间）外，还应该包括货币政策国际传导的时间。从我们的实证结果来看，这种综合时滞的时间是 3—5 个月。二是通货膨胀的国际传导，当通货膨胀的国际传导惯性较大时，就会出现上面的情况。我们可以推断，在美国实行紧缩的货币政策时，美国的国内应该是通货膨胀压力比较大的时期。此时，美国的通货膨胀可以通过价格的调整、国际收支差额的调整以及资本流动的调整从美国传递到中国。在通货膨胀的国际传导中，价格传递机制之所以能够成立，是因为随着世界贸易一体化的不断推进，不同国家的类似商品的价格差异，很快就会被国际价格调整消除。举例来说，如果某商品在国内市场的价格高于其世界市场价格，国际贸易的厂商就会进行套利，从世界市场上购进该商品，然后在国内市场出售以获得利润。在这种套利活动的作用下，该商品的国内价格就会上升，直到接近其世界市场价格。通货膨胀也可以通过一国的国际收支调整影响到国内。一方面，当一个国家的国际收支出现巨额逆差时，

该国货币的汇率就会下降，该国的外债就会增加，最终可能造成本国通货膨胀。同理，当一国国际收支为巨额顺差时，对外部门的经济活动也可能会影响国内市场的供求关系，从而产生通货膨胀的压力。另一方面，即使没有出现国际收支不平衡的状况，只要一国进出口的商品不利于本国市场供求关系的平衡，进口不能增加有效供给，出口加剧国内市场短缺，也会产生通货膨胀的输入压力。除上面的两种传导机制以外，资本流动也是造成通货膨胀国际传导的一个重要原因。货币学派的观点认为，在通货膨胀的国际传导中，外汇市场和资本市场的调整速度要快于商品市场的调整速度，利率机制的作用大于价格机制的作用。即使在国际贸易对货币扰动反应不强烈的情况下，国际资本流动也会影响国际收支，成为通货膨胀国际传导过程中的主要因素。假定资本可以在两国之间自由流动，这表明两国之间存在利息平价关系。如果在原来的利息水平上，国外对国内某种资产的需求上升，该种资产的价格就会提高，利率开始下降。而利率的下降又会干扰国内资产的均衡，因而国内居民用价格上升了的该种资产换取货币，以维持原有资产结构的均衡，结果使两国之间资本和货币反方向流动，即资产从国内流向国外，货币从国外流入国内，引起对国内货币的过度需求。因此，因资产迅速调节引起的国际资本流动会更迅速、更均匀地把通货膨胀扩散到他国。美国经济的通货膨胀惯性的影响较大这一论断可以得到证实，从表 5 - 6 我们可以看到，美国的通货膨胀水平对中国的产出序列和通货膨胀序列具有很强的解释能力，并且都高于美联储的货币政策对中国经济的影响。

表 5 - 6 美国通货膨胀对中国经济的影响（方差分解）

	1	2	3	4	5	6	7	8	9	10	11	12
产出贡献率	0.5	3.4	9.9	17.4	24.2	29.3	32.7	34.6	35.4	35.7	35.6	35.4
物价贡献率	1.9	2.6	2.7	2.4	2.0	1.7	1.5	1.4	1.5	1.5	1.5	1.6

　　以上我们采用了类似的方法，研究了美国的货币政策对中国产出和物价的影响，从结果来看，美国货币政策的调整会对中国的产出和物价产生影响，但影响的方向与一般的推断可能不太一样。这一结果证明了美国经济对中国经济的影响很大，中国的货币政策必须适应全球化带来的这种挑战，必须要在全球的需求管理的视角之上积极地进行货币政策的国际协调。在证明了溢出效应存在的基础上，下文将具体分析溢出的渠道，并对其进行检验，以分析各个渠道的相对重要性。

　　美国经济对世界经济的发展具有重要的影响，美国的中央银行美联储制定的货币政策通过多种渠道影响到了世界其他国家，从本书上面的实证研究中可以看到，美国的货币政策通过政策、贸易和资本价格渠道影响中国的产出和物价。美国的货币政策对中国有这样的影响力主要是基于以下两个原因：

　　第一，美国经济在世界经济中占有重要地位。美国货币政策之所以能够对中国的产出和物价产生溢出的首要原因就是美国实体经济以及美国金融市场所具备的国际影响力。在实体经济方面，美国的 GDP 占全球 GDP 的比重高达 25%，反映出美国经济的强势地位。从微观层面来看，在 2008 年的世界 500 强企业中，美国公司就占据了 153 席。

　　同时，美国拥有世界上最发达的金融市场。仅以股票市场为例，按市值计算，纽约证券交易所和纳斯达克（NASDAQ）分列全球交易所第一位和第三位。近年来，美国的股市与世界其他国家尤其是新兴市场经济体股市之间的联动性不断增强，可以说，美国发达的金融市场引导了全球资本的流向。

　　第二，美元作为国际货币为美国带来的霸权收益。美国货币政策溢出的另一个原因在于美元在国际货币体系中的霸权地位，具体来说，这主要体现在以下四个方面。

　　首先，世界贸易中用美元计价结算的比重高达 48%，而美国的对外贸易所占比重仅约为 18%，这意味着至少有 30 个百分点与美国无关的国际贸易采用美元计价结算。

其次，世界各国的外汇储备中美元储备平均约占65%。其中，新兴市场经济体的美元占比更高。美元储备与欧元储备、日元储备等的差异不仅仅在于所占比重大小的差异，更重要的是储备来源的差异。美元储备变化一般源于实际经济交易产生的美元供求；但是，欧元储备、日元储备等的变化则缺少这种实际经济交易的基础，大多源于储备资产选择。也就是说，在美元趋于疲软之际，将美元储备换成欧元、日元储备等；一旦美元转为坚挺时，欧元、日元储备又将被换回美元储备。

再次，外汇市场是世界上交易规模最大、一体化程度最高的市场，日平均交易额达到5.4万亿美元。在如此大量的外汇交易中，用美元交易的比重超过85%。

最后，美元的货币锚作用非常明显。一方面，在各国汇率制度选择实践中，相当多的货币以不同的方式、在不同的程度上盯住美元；另一方面，各国中央银行在制定和调整汇率时，通常将本币兑美元汇率作为基本汇率，兑其他货币汇率作为套算汇率。美元的供给取决于美国的货币政策，而美元独特的国际地位就使美国货币政策的溢出会有广泛而深刻的影响。

第三节　溢出效应的渠道检验

在上文的论述中，曾经将美国货币政策对中国的传导渠道分为政策渠道、贸易渠道和资产价格渠道。从上文的实证结果我们可以看到，美国货币政策对中国的产出和物价都产生了一定的影响，但是，对溢出效应存在性的检验进行分析，必须要与传导渠道结合起来。总的溢出效应是各种传导渠道综合加总的结果，还取决于各种传导渠道的相对重要程度。同时，对各种传导渠道的认识，也有助于我们针对美国货币政策的影响采取相应的应对措施。

一 对政策渠道的检验

美国货币政策对中国溢出的政策渠道主要是这样两层含义：第一层含义是美国货币政策对中国货币政策的影响，即美国的 FFR 调整是否会促使中国的利率或者货币供应量发生变化；第二层含义是中国的货币政策自主性，即中国的狭义货币政策是否受到本国货币汇率变化的影响。

对美国货币政策的代理变量为联邦基金利率，而中国的同业拆借利率并不是货币政策的最好的代理变量。这是因为，我国的利率市场化改革还没有完成，中央银行对利率进行调整的实际操作是先确定一年期存贷款利率，再推出各档期限的利率。因此，本书采用一年期贷款利率作为中国货币政策的代理变量。从图 5 - 4 的利率走势可以看出，中美两国的利率走势在大多数时期并没有表现出向同一方向变化的趋势。

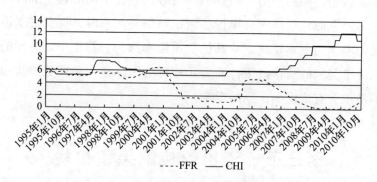

图 5 - 4　中国一年期贷款利率和美国联邦基金利率走势

利用 SVAR 模型进行分析，估计模型为 {USGDP, USCPI, US-NX, FFR, USM2, CHI}，从表 5 - 7 中的信息准则数据可以看出，对这个向量系统，滞后阶数为 1 和滞后阶数为 3 没有区别。本书在进行结构向量自回归时分别估计了滞后 1 阶和滞后 3 阶的模型，从脉冲响应和方差分解的结果来看，并没有太大的区别，因此，本书只列出了滞后 3 阶的结果。

表 5 - 7　　　　政策渠道的检验模型的滞后阶数选择标准（1）

Lag	LogL	LR	FPE	AIC	SC	HQ
0	- 1914. 733	N - A	47. 00558	20. 87753	20. 98236	20. 92002
1	- 141. 6249	3411. 305	2. 97e - 07	1. 995923	2. 729767 *	2. 293359 *
2	- 83. 71645	107. 6341	2. 34e - 07	1. 757787	3. 120641	2. 310169
3	- 38. 60132	80. 91301	2. 13e - 07 *	1. 658710 *	3. 650572	2. 466037
4	- 5. 797770	56. 69308	2. 21e - 07	1. 693454	4. 314326	2. 755726
5	24. 23334	49. 94304	2. 38e - 07	1. 758333	5. 008214	3. 075550
6	63. 71497	63. 08478 *	2. 33e - 07	1. 720489	5. 599379	3. 292652
7	95. 28201	48. 37992	2. 49e - 07	1. 768674	6. 276573	3. 595782
8	112. 2064	24. 83469	3. 14e - 07	1. 976018	7. 112926	4. 058070

注：＊表示 p < 0.01。

确定滞后阶数后，使用递归假设进行估计，美国货币政策代理变量 FFR 对中国一年期贷款利率的脉冲响应函数如图 5 - 5 所示，脉冲值如表 5 - 7 所示。从图 5 - 5 中可以看出，FFR 一个标准差的新息冲击，对中国的利率有正向的影响，4 个月的脉冲值达到顶峰，为 0.129505，脉冲值在 10 个月后基本稳定为 0.11 左右。以上结果反映出了中美两国货币政策的影响，美国加息，中国也会随之加息（见表 5 - 8）。

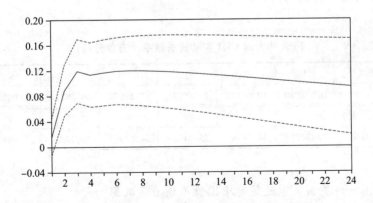

图 5 - 5　美国货币政策冲击对中国利率的脉冲响应

表 5-8   FFR 对 CHI 的脉冲响应值

期数	1	2	3	4	5	6
脉冲值	0.018485	0.091099	0.120845	0.129505	0.120350	0.116536
期数	7	8	9	10	11	12
脉冲值	0.116700	0.113370	0.111178	0.109212	0.107272	0.105153

从表 5-9 的方差分解结果可以看出，中国一年期贷款利率变动的预测方差中，美国货币政策冲击的贡献率在 1 个月后不足 1%，两个月后就达到 10.66%，之后贡献率不断增大，在 7 个月后达到峰值 25.37%。这一结果反映出中国的利率政策与美国利率政策的一致性，当美国利率提高时，中国的利率也会提高。从利率变动的动态关系中我们可以看到，开放经济中货币政策的溢出效应是十分明显的，美国通过改变联邦基金利率对其国内经济进行调整时，也引起了中国利率政策的调整。当然，这种利率的同向调整离不开大量的资本流动，虽然我们的资本项目还没有完全放开，但是，资本流动规模还是很可观的。目前，我国的利率市场化还没有完全结束，中央银行还没有放开对一年期存贷款利率的限制，这意味着我国一年期贷款利率的调整反映的还是中央银行的政策意图，从货币政策国际协调的角度出发，中美利率的联动实际上很多是我国的中央银行的一种被动协调。

表 5-9   FFR 冲击对 CHI 变动的贡献率（方差分解）

时期（月）	1	2	3	4	5	6
贡献率	0.872050	10.66132	18.39715	22.80072	24.38213	25.08017
时期（月）	7	8	9	10	11	12
贡献率	25.36963	25.27743	25.01820	24.67917	24.29021	23.86966

（一）美国货币政策对中国货币供应量的影响

多年来，中国一直采用货币供应量作为货币政策的中介目标，因此检验政策渠道时，检验 FFR 对货币供应量的动态影响是十分重要的。本书将广义货币量 M2 作为中国货币政策的代理变量，考虑到序列平稳性以及可比性的要求，我们将 M2 序列进行了取对数的操作。这一部分的检验区间与其他部分不同，由于缺乏 1995 年 1 月到 1995 年 11 月广义货币供应量的统计数据，本书采用的检验区间为 1995 年 12 月到 2010 年 12 月。采用与上文一致的检验方法，考察包含 {USGDP，USCPI，USNX，FFR，USM2，CHM2} 的 SVAR 模型。从表 5 - 10 的信息准则可知，该向量自回归系统选择的滞后阶数为 3。

表 5 - 10　　　政策渠道的检验模型的滞后阶数选择标准（2）

Lag	LogL	LR	FPE	AIC	SC	HQ
0	110.5343	N - A	1.20e - 08	- 1.208489	- 1.099126	- 1.164121
1	2014.809	3654.447	5.02e - 18	- 22.80705	- 22.04151*	- 22.49647
2	2076.866	114.7862	3.72e - 18	- 23.10827	- 21.68656	- 22.53149*
3	2117.831	72.93171	3.52e - 18*	- 23.16567*	- 21.08778	- 22.32268
4	2143.382	43.71794	4.00e - 18	- 23.04488	- 20.31081	- 21.93568
5	2178.158	57.08951*	4.10e - 18	- 23.03073	- 19.64049	- 21.65533
6	2202.316	37.98127	4.79e - 18	- 22.89382	- 18.84740	- 21.25221
7	2221.492	28.82041	5.95e - 18	- 22.69933	- 17.99673	- 20.79152
8	2250.041	40.92558	6.70e - 18	- 22.61319	- 17.25442	- 20.43917

注：*表示 $p < 0.01$。

在进行滞后阶数的选择后，利用递归假设进行估计，得到了 FFR 对中国广义货币供应量的脉冲响应函数。从脉冲响应函数可以看到，美国联邦基金利率一个标准差的新息冲击对中国货币供给量的影响是正的（见图 5 - 6）。1 个月的脉冲值为 0.000688，之后随着时间的推移逐步上升，在 7 个月达到脉冲值的顶峰 0.001577（见表 5 - 11）。这个结果意味着，美国的货币政策对中国的货币供应量有影响，当美国实施紧缩的货币政策时，我国的货币供应量反而是上升的。利率政策同向变动，而货币供应量却反向变动，这一结果的对比表面看起来是矛盾的，实际上却反映出在当前的经济环境下，中国虽然实行的是以货币供应量为中介目标的货币政策操作策略，但对货币供应量的控制力并不强。为了验证这一猜想，下文将做关于中国货币政策自主性的检验。

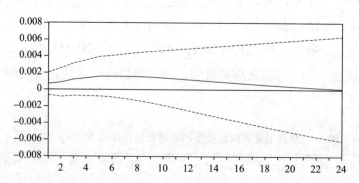

图 5-6　美国货币政策冲击对中国广义货币供应量 M2 的脉冲响应

表 5-11　　　　　　　　　　　FFR 对 CHM2 的脉冲响应值

期数	1	2	3	4	5	6
脉冲值	0.000688	0.000855	0.001208	0.001370	0.001563	0.001575
期数	7	8	9	10	11	12
脉冲值	0.001577	0.001552	0.001485	0.001396	0.001299	0.001194

　　表 5-12 给出了方差分解的结果，从表 5-12 中的数据可以看出，在中国广义货币供应量 M2 变动的预测中，美国货币政策代理变量联邦基金利率冲击的贡献率从第一个月的不足 1%，逐渐上升，8 个月后的贡献率达到 2.69%。

表 5-12　　　FFR 冲击对 CHM2 变动的贡献率（方差分解）

时期（月）	1	2	3	4	5	6
贡献率	0.572156	0.922071	1.367471	1.794982	2.221996	2.474704
时期（月）	7	8	9	10	11	12
贡献率	2.623917	2.694109	2.689722	2.630660	2.537574	2.423454

（二）中国货币政策自主性的检验

伴随着全球金融一体化进程对资本流动的关注，理论界也提出了一些方法，对货币政策自主性的检验。检验货币政策自主性的基本思想是：如果中央银行在公开市场上进行操作，从而改变其国内的资产规模进而影响到货币供应量，国内的资产价格就会发生变化，相应的收益率也会发生变化。如果在资本自由流动的背景下，国际流动资本的套利活动就会抵消中央银行国外净资产而发生相反方向的变化，从而国内的货币量就不会发生变化。简单来说，如果资本流动性较低，那么中央银行拥有的货币政策自主性就会比较高。

对货币政策自主性的检验主要是考察中央银行的资产负债表结构的变化。从中央银行的资产负债表出发，一国的货币供应可以来源于国内部分和国外部分，其中，前者表现为中央银行的国内净资产，后者表现为中央银行的国外净资产。

用 TA 表示中央银行的总资产，DA 表示中央银行的国内净资产，FA 表示中央银行的国外净资产，则存在以下数量关系：

$$TA = DA + FA \qquad\qquad (5-5)$$

$$\mathrm{d}TA = \mathrm{d}DA + \mathrm{d}FA \qquad\qquad (5-6)$$

以我国的中央银行为例，国内净资产 DA 主要由对政府债券、对其他金融机构债券、对非金融性公司债券以及其他资产组成；国外净资产 FA 主要由外汇、黄金和其他国外资产组成。

如果一个国家的货币政策有较大的独立性，那么中央银行可以通过改变 DA 来改变 TA，从而达到影响货币供应量的目的。但是，如果一个国家的中央银行在改变 DA 的同时，引起了 FA 相应的反方向的变化，TA 就可能不会发生改变或者变化非常小。换言之，在开放经济中，如果 DA 的变化会导致 FA 的变化，且 dDA 和 dFA 之间是反向相关关系，那么这个国家的货币政策自主性就受到了很大的限制。图 5-7 列出了 2002 年 1 月至 2010 年 7 月中国人民银行资产国内净资产和国外净资产的变动情况，从图 5-7 中可以看出，中央银行的国内净资产和国外净资产在我们的考察区间内都呈现出了上升的趋势，并且国外净资产的上升趋势要更加明显。由于我国经济处于高速发展阶段，经济规模不断扩大，因此，中央银行两类资产的规模都表现出上升趋势是合理的。在这样的情况下，中央银行实施货币政策的方向更多地应该从两类资产规模变动率的波动上。也就是说，当中央银行实施宽松的货币政策时，总资产规模的增长率上升；当中央银行实施紧缩的货币政策时，总资产规模的增长率下降。经过计算，中央银行国外净资产波动的变化率和国内净资产波动的变化数据如表 5－13 所示。

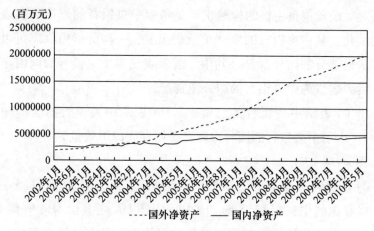

图 5－7 中国人民银行国内净资产和国外净资产的变化

表 5－13 　　　　　　　中央银行资产结构变化情况 　　　　单位：百万元

截止日期	国外净资产变动率的波动	国内净资产变动率的波动	截止日期	国外净资产变动率的波动	国内净资产变动率的波动
2002 年 3 月 31 日	－0.010025282	0.024008382	2006 年 6 月 30 日	0.016929785	0.00675131
2002 年 4 月 30 日	0.004538234	－0.029728229	2006 年 7 月 31 日	－0.012940017	－0.064227013
2002 年 5 月 31 日	－0.007598075	－0.03406385	2006 年 8 月 31 日	－0.013292028	0.073620863
2002 年 6 月 30 日	－0.002959267	0.020929831	2006 年 9 月 30 日	0.010680411	－0.028566358
2002 年 7 月 31 日	0.007791338	0.019289602	2006 年 10 月 31 日	－0.001381853	0.010814595

续表

截止日期	国外净资产变动率的波动	国内净资产变动率的波动	截止日期	国外净资产变动率的波动	国内净资产变动率的波动
2002 年 8 月 31 日	0.007855489	− 0.00231047	2006 年 11 月 30 日	0.000542598	0.004287882
2002 年 9 月 30 日	− 0.001347096	− 0.003222822	2006 年 12 月 31 日	0.025610075	− 0.0069026
2002 年 10 月 31 日	0.002091413	− 0.007818526	2007 年 1 月 31 日	− 0.005715923	− 0.000938475
2002 年 11 月 30 日	0.007002945	− 0.001989389	2007 年 2 月 28 日	− 0.005365623	− 0.012279977
2002 年 12 月 31 日	0.001592021	0.055883197	2007 年 3 月 31 日	− 0.003790534	0.015361661
2003 年 1 月 31 日	0.022063444	− 0.049591987	2007 年 4 月 30 日	− 0.001217549	− 0.007781067
2003 年 2 月 28 日	− 0.043188374	− 0.014174471	2007 年 5 月 31 日	− 0.001295842	− 0.000528803
2003 年 3 月 31 日	0.010747974	0.018656327	2007 年 6 月 30 日	− 0.004612444	− 0.001124593
2003 年 4 月 30 日	0.001807309	0.043595155	2007 年 7 月 31 日	0.00966277	− 0.000240028
2003 年 5 月 31 日	0.004720925	− 0.105023837	2007 年 8 月 31 日	− 0.012891176	0.004983578
2003 年 6 月 30 日	− 0.001888874	0.052630265	2007 年 9 月 30 日	0.018378068	− 0.001849572
2003 年 7 月 31 日	0.004105401	0.00435234	2007 年 10 月 31 日	− 0.025430479	− 0.003637796
2003 年 8 月 31 日	0.004993111	0.025884661	2007 年 11 月 30 日	0.021194856	− 0.00622735
2003 年 9 月 30 日	0.001691287	− 0.019892194	2007 年 12 月 31 日	− 0.015799489	0.034878095
2003 年 10 月 31 日	0.007581771	− 0.000498505	2008 年 1 月 31 日	0.026541811	− 0.043328402
2003 年 11 月 30 日	− 0.00109471	− 0.032530213	2008 年 2 月 29 日	− 0.025728959	0.030740174
2003 年 12 月 31 日	− 0.086497098	0.153741844	2008 年 3 月 31 日	0.004648395	− 0.007031311
2004 年 1 月 31 日	0.077644404	− 0.09158462	2008 年 4 月 30 日	0.011806496	− 0.007090443
2004 年 2 月 29 日	− 0.009228537	− 0.074955791	2008 年 5 月 31 日	− 0.014168596	0.000608185
2004 年 3 月 31 日	0.006179865	0.037283764	2008 年 6 月 30 日	− 0.002688444	− 0.005479502
2004 年 4 月 30 日	− 0.003683551	0.040424893	2008 年 7 月 31 日	− 0.001790263	0.011383133
2004 年 5 月 31 日	− 0.013091471	− 0.085580291	2008 年 8 月 31 日	− 0.009101345	− 0.005601792
2004 年 6 月 30 日	0.015703248	0.121060079	2008 年 9 月 30 日	0.011881279	0.000320576
2004 年 7 月 31 日	− 0.004613203	− 0.075410751	2008 年 10 月 31 日	− 0.012576879	− 0.005066065
2004 年 8 月 31 日	3.15719E − 05	− 0.005127228	2008 年 11 月 30 日	− 0.008250822	0.002638258
2004 年 9 月 30 日	0.00641979	0.008454215	2008 年 12 月 31 日	0.013971479	− 0.006420482
2004 年 10 月 31 日	0.013950597	− 0.001294439	2009 年 1 月 31 日	− 0.008960899	0.006190733
2004 年 11 月 30 日	0.039606873	− 0.010276309	2009 年 2 月 28 日	0.001049631	0.00048831
2004 年 12 月 31 日	0.04796431	− 0.111315344	2009 年 3 月 31 日	− 0.002597325	0.001843559

续表

截止日期	国外净资产变动率的波动	国内净资产变动率的波动	截止日期	国外净资产变动率的波动	国内净资产变动率的波动
2005 年 1 月 31 日	-0.170811445	0.254656898	2009 年 4 月 30 日	0.006033446	-0.009007904
2005 年 2 月 28 日	0.061986368	-0.131549045	2009 年 5 月 31 日	0.005368211	0.026858444
2005 年 3 月 31 日	0.006014176	-0.005175409	2009 年 6 月 30 日	-0.011535622	-0.046102952
2005 年 4 月 30 日	-0.016796696	0.034606062	2009 年 7 月 31 日	0.003807863	0.024735211
2005 年 5 月 31 日	0.027575782	-0.035289104	2009 年 8 月 31 日	-0.00242695	0.00237268
2005 年 6 月 30 日	-0.009054921	0.132469135	2009 年 9 月 30 日	0.021776754	-0.024317499
2005 年 7 月 31 日	-0.002444979	-0.104898828	2009 年 10 月 31 日	-0.016047284	0.027313964
2005 年 8 月 31 日	-0.007595242	-0.014140768	2009 年 11 月 30 日	-0.003714521	0.019109205
2005 年 9 月 30 日	-0.000223725	0.015755314	2009 年 12 月 31 日	0.000132274	-0.062641604
2005 年 10 月 31 日	-0.0036323	-0.011543332	2010 年 1 月 31 日	0.005352566	0.070881667
2005 年 11 月 30 日	-0.002481815	-0.002425978	2010 年 2 月 28 日	-0.00633569	-0.03042714
2005 年 12 月 31 日	0.003954164	0.006324365	2010 年 3 月 31 日	0.005336796	0.009904502
2006 年 1 月 31 日	0.026921506	0.023941753	2010 年 4 月 30 日	0.005973112	-0.008384115
2006 年 2 月 28 日	-0.031997435	-0.069800132	2010 年 5 月 31 日	-0.014340405	0.006383702
2006 年 3 月 31 日	0.003963778	0.041792535	2010 年 6 月 30 日	0.002414412	-0.005019703
2006 年 4 月 30 日	-0.008429504	-0.014517975	2010 年 7 月 31 日	0.00144523	-0.002167919
2006 年 5 月 31 日	0.012660236	0.012565321			

根据表 5 - 13 的中央银行国内净资产变动的波动率和国外净资产变动的波动率绘制了图 5 - 8，利用 SPSS16.0 计算，中央银行国内净资产变动的波动率和国外净资产变动的波动率之间存在负相关关系 - 0.589024002，并且该相关系数在 1% 的显著性水平下进行双尾检验是显著的。姜波克（1999）曾经计算过 1987—1997 年两者季度数据之间的相关系数，结论为 - 0.37。比较这两个数据可以看出，随着我国经济开放度的提高，中央银行的国内净资产变动的波动率和国外净资产变动的波动率之间负相关性在大幅提高，我国中央银行的货币政策自主性在不断地降低，从这个角度来看，我们必须充分重视中国货币政策的国际协调，否则中央银行的货币政策将

是无效的，因为中央银行利用国内的资产进行的货币政策将很大一部分被国外净资产的被动调整所抵消。

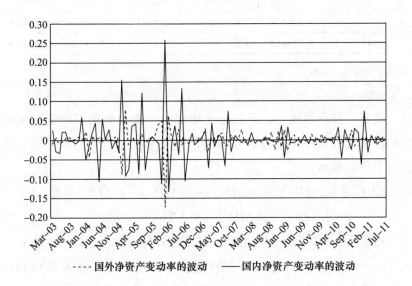

----国外净资产变动率的波动　——国内净资产变动率的波动

图 5 - 8　中央银行国外净资产变动率的波动和

国内净资产变动率的波动（2002 年 3 月至 2010 年 7 月）

进一步分析，我们利用中央银行国内净资产变动的波动率和国外净资产变动的波动率进行格兰杰因果关系检验。综合考虑 AIC 等信息准则（见表 5 - 14），本书选取的滞后阶数为 4。

表 5 - 14　　　　　格兰杰因果检验滞后阶数选择标准

Lag	LogL	LR	FPE	AIC	SC	HQ
0	368.5607	N - A	1.29e - 06	- 7.883027	- 7.828562	- 7.861035
1	401.7108	64.16132	6.91e - 07	- 8.509909	- 8.346515	- 8.443935
2	420.0031	34.61780	5.08e - 07	- 8.817271	- 8.544949 *	- 8.707315
3	426.7983	12.56741	4.79e - 07	- 8.877383	- 8.496131	- 8.723444
4	437.6382	19.58171 *	4.13e - 07 *	- 9.024477 *	- 8.534296	- 8.826556 *
5	440.7541	5.494837	4.22e - 07	- 9.005465	- 8.406356	- 8.763562

Lag	LogL	LR	FPE	AIC	SC	HQ
6	443. 6147	4. 921442	4. 33e – 07	– 8. 980962	– 8. 272923	– 8. 695076
7	444. 7380	1. 884195	4. 61e – 07	– 8. 919097	– 8. 102129	– 8. 589229
8	446. 3959	2. 709652	4. 86e – 07	– 8. 868728	– 7. 942832	– 8. 494878

注: *表示 p < 0.01。

确定了滞后阶数后，我们首先检验中央银行的国内净资产变动率的波动是否是中央银行国外净资产变动率波动的格兰杰原因。建立以下检验模型：

$$\Delta FA = c + \alpha_1 \Delta DA_{-1} + \alpha_2 \Delta DA_{-2} + \alpha_3 \Delta DA_{-3} + \alpha_4 \Delta DA_{-4} + \beta_1 \Delta FA_{-1}$$
$$+ \beta_2 \Delta FA_{-2} + \beta_3 \Delta DA_{-3} + \beta_4 \Delta DA_{-4} \qquad (5-7)$$

检验 ΔDA 是否为 ΔFA 格兰杰原因的零假设为：H_0：$\alpha_1 = \alpha_2 = \alpha_3 = \alpha_4 = 0$。利用 Eviews 6.0 进行检验，得到 F 统计量为 2.16427，伴随概率为 0.0796。这一结果表明，在 5% 的显著性水平下拒绝原假设，此时中央银行国内净资产变动率的波动是中央银行国外净资产变动波动的格兰杰原因。表明中央银行国外净资产变动率的波动对国内净资产变动的波动有显著的影响，表明中央银行实施冲销性的货币政策，来自外部的冲击被中央银行国内净资产变动的波动所抵消。

同样的方法，检验中央银行的国外净资产变动率的波动是否是中央银行国内净资产变动率波动的格兰杰原因。建立以下检验模型：

$$\Delta DA = c + \alpha_1 \Delta DA_{-1} + \alpha_2 \Delta DA_{-2} + \alpha_3 \Delta DA_{-3} + \alpha_4 \Delta DA_{-4} +$$
$$\beta_1 \Delta FA_{-1} + \beta_2 \Delta FA_{-2} + \beta_3 \Delta DA_{-3} + \beta_4 \Delta DA_{-4} \qquad (5-8)$$

检验 ΔFA 是否为 ΔDA 格兰杰原因的零假设为：H_0：$\beta_1 = \beta_2 = \beta_3 = \beta_4 = 0$。同样利用 Eviews 6.0 进行检验，得到 F 统计量为 1.03602，伴随概率为 0.3933。结果表明，在 5% 的显著性水平下拒绝原假设，此时，中央银行国外净资产变动的波动是中央银行国内净资产变动波动的格兰杰原因。这样的结果表明，中央银行通过采取改变国内资产规模从而改变货币政策方向的愿望难以实现。

对货币政策自主性检验的结果显示，在当前的经济背景下，我国的中央银行在制定货币政策时受到国际因素的影响很大，中央银行的货币政策虽然采取了冲销性的操作策略，但是并不能够有效地应对对外部门的冲击。

以上对政策渠道的实证研究表明，中国的货币政策会受到美国货币政策调整的影响。这种影响发生的原因在于：美国货币政策的调整必然会导致美元汇率的波动以及国内外利差的波动，在中国资本管制逐渐放松、汇率制度还没有完全浮动的背景下，要防止国际短期资本的流动对中国国内金融市场的冲击，维持人民币的汇率稳定，势必会影响到中国货币政策的独立性，中国货币政策的制定过程也必然会渗透美国的因素。

二　贸易渠道的检验

除政策渠道之外，美国的货币政策也可以通过实体经济即贸易渠道传导并影响到中国。本书将分别对进口、出口和净出口进行实证研究，所采用的模型为：｛USGDP, USCPI, USNX, FFR, USM2, CHX｝，其中，CHX 序列依次代表中国的进口、出口以及净出口。对数据的处理方法如下：在消除了季节因素后，对出口和进口的数据序列进行了取对数处理，而净出口数据由于有正有负，借鉴其他文献的做法，将净出口数据除以代表中国月度 GDP 的数据。

（一）美国货币政策对中国进口的影响

采用 SVAR 模型：｛USGDP, USCPI, USNX, FFR, USM2, CHIM｝，其中，CHIM 代表中国的进口数据。为了数据的平稳性，对中国的进口序列进行了取对数处理。从表 5 – 15 的信息准则数据中可以看到该模型滞后阶数既可以选择 1 也可以选择 3，本书同时运行了两种滞后阶数的向量自回归模型，发现结果差异不大，因此，只在本书中给出了滞后 3 阶结果的脉冲响应和方差分解结果。

表 5 - 15　　　　贸易渠道的检验模型的滞后阶数选择标准 （1）

Lag	LogL	LR	FPE	AIC	SC	HQ
0	- 1613. 634	N - A	1. 781493	17. 60471	17. 70955	17. 64720
1	- 73. 38506	2963. 304	1. 41e - 07	1. 254185	1. 988029 *	1. 551622 *
2	- 14. 44167	109. 5578	1. 10e - 07	1. 004801	2. 367654	1. 557182
3	38. 73208	95. 36596	9. 17e - 08 *	0. 818130 *	2. 809992	1. 625456
4	62. 33064	40. 78447	1. 06e - 07	0. 952928	3. 573799	2. 015200
5	101. 6108	65. 32456	1. 03e - 07	0. 917274	4. 167155	2. 234491
6	126. 6544	40. 01532	1. 17e - 07	1. 036366	4. 915255	2. 608528
7	146. 7097	30. 73693	1. 42e - 07	1. 209677	5. 717577	3. 036785
8	184. 9984	56. 18461 *	1. 43e - 07	1. 184800	6. 321708	3. 266852

注：＊表示 $p < 0.01$。

选择了滞后阶数后，利用递归假设对模型进行识别就可以得到美国货币政策冲击对中国进口的动态影响，图 5 - 9 就是 FFR 对中国进口的脉冲响应图。从图 5 - 9 中可以看到，美国联邦基金利率一个标准差的新息冲击会对中国的进口产生一个正向的影响，并且从我们的估计结果可以看出，这一正向影响的维持期达到了 16 个月。在存在影响的 16 个月中，脉冲值虽然呈现了一个下降的趋势，但波动也是比较剧烈的。24 个月内的脉冲值如表 5 - 16 所示。这一结果显示，美国的货币政策调整会影响中国的进口，在美国扩张性货币政策的刺激下，中国的进口会减少。在美国紧缩的货币政策刺激下，中国的进口会增加。

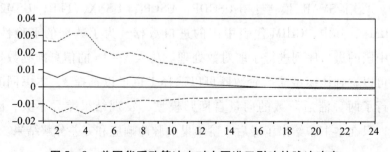

图 5 - 9　美国货币政策冲击对中国进口影响的脉冲响应

表 5 - 16　　　　　　　　FFR 对 CHIM 的脉冲响应值

期数	1	2	3	4	5	6
脉冲值	0.008550	0.005509	0.009401	0.007745	0.005307	0.003390
期数	7	8	9	10	11	12
脉冲值	0.005738	0.005197	0.003138	0.002994	0.002852	0.001830

　　表 5 - 17 是 FFR 冲击对 CHIM 变动的贡献率，从方差分解的结果可以看出，在对中国进口进行预测的方差中，美国货币政策的贡献率呈现了一个波动的变化趋势，贡献率最高的月份出现在 FFR 变动后的第 11 个月。FFR 波动对 CHIM 的解释能力大致上接近 1%。

表 5 - 17　　　　FFR 冲击对 CHIM 变动的贡献率（方差分解）

时期（月）	1	2	3	4	5	6
贡献率	0.460317	0.497117	0.824068	0.935548	0.918349	0.896977
时期（月）	7	8	9	10	11	12
贡献率	0.949303	0.981651	0.977525	0.980887	0.986324	0.983076

　　美国货币政策冲击之所以会对中国进口产生这样的影响，要从中国居民的消费结构以及由此导致的中国的进口结构来分析。在中国，目前我国的居民在消费贸易品和非贸易品的过程中存在结构性的失衡。我国居民的消费热点目前主要集中在住房领域和教育领域。1995—2010 年，在中国城镇居民人均消费性支出中，居住支出的比例从 8.02% 上升到 10.02%，医疗保健支出从 3.11% 上升到 6.98%，交通通信支出从 5.18% 上升到 13.72%，教育文化支出的比例从 9.36% 上升到 12.01%。从我国居民的消费结构可以看出，目前，我国居民消费的 42.7% 都属于非贸易品，并且呈现逐步增加的态势。而一些可贸易品的消费，如食品、衣着、家庭设备等呈现较大幅度的下降。从居民的消费结构可以反映出我国目前的进口商品中需求弹性比较小，所以，当联邦基金利率提高，在利率平价机

制下美元升值后，中国的进口也会随之增加。

（二）美国货币政策对中国出口的影响

采用以下 SVAR 模型：{USGDP，USCPI，USNX，FFR，CHEX}，其中，CHEX 代表中国的出口数据。为了数据的平稳性，对中国的出口序列进行了取对数处理。从表 5 – 18 的信息准则中我们选定 SVAR 的滞后阶数为 3。

表 5 – 18   贸易渠道的检验模型的滞后阶数选择标准（2）

Lag	LogL	LR	FPE	AIC	SC	HQ
0	– 1621. 181	N – A	1. 933803	17. 68675	17. 79159	17. 72924
1	– 66. 14724	2991. 750	1. 31e – 07	1. 175514	1. 909358 *	1. 572950
2	– 9. 008267	106. 2040	1. 04e – 07	0. 945742	2. 308595	1. 498123 *
3	40. 19062	88. 23713	9. 03e – 08 *	0. 802276 *	2. 794138	1. 609603
4	64. 44685	41. 92110	1. 03e – 07	0. 929926	3. 550797	1. 992197
5	100. 4883	59. 93851	1. 04e – 07	0. 929475	4. 179356	2. 246692
6	124. 5198	38. 39812	1. 20e – 07	1. 059568	4. 938457	2. 631730
7	144. 5911	30. 76142	1. 46e – 07	1. 232706	5. 740605	3. 059813
8	180. 0978	52. 10233 *	1. 50e – 07	1. 238067	6. 374975	3. 320120

注：* 表示 p < 0.01。

选择了滞后阶数后，利用递归假设对模型进行识别就可以得到美国货币政策冲击对中国进口的动态影响，图 5 – 10 就是 FFR 对中国出口序列的脉冲响应图。从图 5 – 10 中可以看到，美国联邦基金利率一个标准差的新息冲击会对中国的出口产生一个正向的影响，并且从我们的估计结果可以看出，这一正向影响的维持期达到了 20 个月。FFR 的冲击对中国出口的影响在前 3 个月比较稳定，脉冲值大约为 0.008，之后脉冲值开始上升，在第 4 个月达到峰值，然后呈现波动下降趋势。24 个月内的脉冲响应值如表 5 – 19 所示。这一结果显示，美国的货币政策调整会影响中国的出口，在美国扩张性货币政策的刺激下，中国的出口会减少。在美国紧缩的货币政策刺激下，中国的出口会增加。

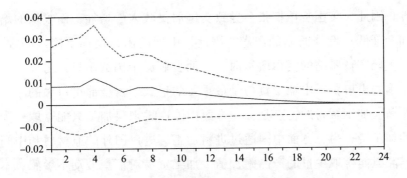

图 5 - 10 美国货币政策冲击对中国出口的脉冲响应

表 5 - 19　　　　　　　　FFR 对 CHEX 的脉冲响应值

期数	1	2	3	4	5	6
脉冲值	0.008369	0.008473	0.008578	0.012107	0.009406	0.005827
期数	7	8	9	10	11	12
脉冲值	0.007853	0.007878	0.005799	0.005247	0.004994	0.004046

表 5 - 20 是 FFR 对 CHEX 变动的贡献率，从方差分解的结果可以看出，在对中国出口进行预测的方差中，美国货币政策的贡献率不断增大，贡献率最高的月份出现在 FFR 变动后的第 12 个月，FFR 波动对 CHIM 的解释能力达到 1.64%。

表 5 - 20　　FFR 冲击对 CHEX 变动的贡献率（方差分解）

时期（月）	1	2	3	4	5	6
贡献率	0.450488	0.659402	0.887484	1.285588	1.399526	1.387476
时期（月）	7	8	9	10	11	12
贡献率	1.472161	1.556350	1.578182	1.600119	1.625442	1.637443

FFR 对 CHEX 之所以产生这样的影响，主要是与中国对美国的出口产品结构有关，目前，中国对美国的出口以中低档的消费品为主，中国出口的商品和美国生产的产品之间互补性远远大于替代

性，因此，美国货币扩张会导致美国居民收入的增加，而收入的增加会降低对低档商品的需求，因此，中国的出口反而下降。同理，当美国实行紧缩的货币政策时，反而会刺激中国的出口。另外，在中国的出口贸易中加工贸易是最重要的形式，占全部出口额的一半左右。加工贸易的特点是：一方面中国通过来料加工只能赚取极少的加工费；另一方面中国通过进料加工，进口国外的原材料和中间产品只能赚取少量的产品附加值。加工贸易对汇率波动不敏感，本币升值导致的来料、进料、中间产品的价格下降将抵消出口产品用外币表示的价格上涨，在一定程度上抵消了联邦基金利率冲击的支出转换效应。

（三）美国货币政策对中国净出口的影响

采用以下 SVAR 模型：｛USGDP, USCPI, USNX, FFR, CHNX｝，其中，CHNX 代表中国的净出口数据。为了数据的平稳性，对中国的净出口序列进行了取对数处理。从表 5 - 21 的信息准则中可以确定模型的滞后阶数为 3。

表 5 - 21　　　贸易渠道的检验模型的滞后阶数选择标准（3）

Lag	LogL	LR	FPE	AIC	SC	HQ
0	- 2289. 061	N - A	2749. 169	24. 94632	25. 05115	24. 98881
1	- 723. 8420	3011. 345	0. 000166	8. 324369	9. 058214 *	8. 721806
2	- 671. 4896	97. 30725	0. 000139	8. 146626	9. 509479	8. 699007 *
3	- 633. 4248	68. 26839	0. 000137 *	8. 124182 *	10. 11604	8. 931509
4	- 608. 2779	43. 46025	0. 000155	8. 242152	10. 86302	9. 304423
5	- 563. 8928	73. 81446 *	0. 000142	8. 151009	11. 40089	9. 468226
6	- 533. 7675	48. 13504	0. 000154	8. 214864	12. 09375	9. 787026
7	- 501. 8025	48. 98980	0. 000164	8. 258723	12. 76662	10. 08583
8	- 467. 8657	49. 79860	0. 000172	8. 281148	13. 41806	10. 36320

注：* 表示 $p < 0.01$。

选择了滞后阶数后，利用递归假设对模型进行识别就可以得到美国货币政策冲击对中国净出口的动态影响，图 5 – 11 就是 FFR 对中国出口序列的脉冲响应。从图 5 – 11 中可以看到，美国联邦基金利率一个标准差的新息冲击会对中国的出口产生一个先负后正的影响，从脉冲响应图中可以看出，这一负向影响的维持期为 3 个月，从 3 个月起，FFR 对中国净出口的影响就是正的。24 个月内的具体的脉冲响应值如表 5 – 22 所示。这一结果显示，美国的货币政策调整会影响中国的净出口，美国紧缩的货币政策在 3 个月内会使中国的净出口减少，3 个月后会使中国的净出口增加。

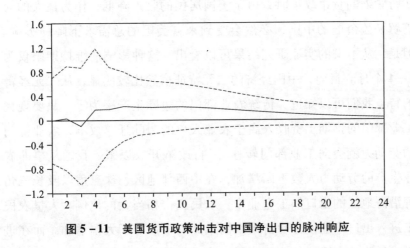

图 5 – 11　美国货币政策冲击对中国净出口的脉冲响应

表 5 – 22　　　　　　　　　　**FFR 对 CHNX 的脉冲响应值**

期数	1	2	3	4	5	6
脉冲值	– 0.003201	0.032009	– 0.094730	0.176292	0.181159	0.229547
期数	7	8	9	10	11	12
脉冲值	0.217459	0.211686	0.217230	0.217946	0.209018	0.194603

表 5 – 23 是 FFR 对 CHNX 变动的贡献率，从方差分解的结果可以看出，在对中国出口进行预测的方差中，美国货币政策的贡献率不断变大，贡献率最高的月份出现在 FFR 变动后的第 12 个月，FFR 波动对 CHIM 的解释能力为 0.65%。

表 5-23　　　FFR 冲击对 CHNX 变动的贡献率（方差分解）

时期（月）	1	2	3	4	5	6
贡献率	4.32E-05	0.003071	0.024040	0.089849	0.151649	0.246344
时期（月）	7	8	9	10	11	12
贡献率	0.323815	0.392454	0.463090	0.533072	0.596451	0.650787

从美国货币政策冲击对中国净出口的影响可以看出，美国联邦基金利率提高后在短期内会减少中国的净出口，也就是说，当美国实行紧缩的货币政策时，由于美国居民的收入降低，作为最大的对美贸易盈余国的中国，必然会受到来自美国的总需求下降的影响。但是，从本书的实证研究结果可以看出，这种影响的维持期限仅为3—4 个月。目前，中国经济的二元特征依然比较明显，从二元经济的特点我们可以知道，传统农业部门的边际生产率为零，只要现代工业部门的预期工资收入高于农业人口的边际迁移成本，农业部门的劳动力就会向工业部门转移。[①] 自改革开放以来，我国从事非农业生产的劳动力人数不断增加，在中西部地区、珠三角以及长三角等沿海地区的出口加工企业中，农民工占相当大的比例。大量农民工进入出口产业使劳动密集型制成品的出口有了大幅增加。而在进出口行业的农民工的收入水平一直是比较低的，近年来，虽然得到了一定程度的提高，但是，我国低成本劳动力的这一基本特征并没有发生改变。低成本的劳动力、人口红利造成的较低的劳动供给弹性等因素的综合导致了从长期看，美国货币政策冲击的支出转换效应更为重要。

三　对资产价格渠道的检验

对资产价格的检验仍然采用与上文类似的实证研究方法，通过SVAR 模型研究美国货币政策对中国资产价格的动态影响。估计的

---

① 金祥荣：《刘易斯的古典二元经济发展理论评述》，《世界经济研究》1988 年第 4 期。

模型形式为：$\{$USGDP，USCPI，USNX，FFR，USM2，CHSZZZ$\}$，其中，新加入的变量 CHSZZZ 代表中国的资产价格收益率，用上证综指的对数收益率表示。从表 5 - 24 的信息准则数据中可以看到该模型滞后阶数既可以选择 1 也可以选择 3，本书同时运行了两种滞后阶数的向量自回归模型，脉冲响应和方差分解的结果差异不大，因此只在本书中给出了滞后 3 阶结果的脉冲响应和方差分解结果。

表 5 - 24　　　资产价格渠道的检验模型的滞后阶数选择标准

Lag	LogL	LR	FPE	AIC	SC	HQ
0	- 1683. 701	N - A	3. 815417	18. 36631	18. 47115	18. 40880
1	17. 93106	3273. 791	5. 23e - 08	0. 261619	0. 995463 *	0. 559055 *
2	74. 19456	104. 5767	4. 20e - 08	0. 041363	1. 404217	0. 593745
3	119. 2703	80. 84237	3. 82e - 08 *	- 0. 057286 *	1. 934576	0. 750041
4	144. 0966	42. 90637	4. 34e - 08	0. 064167	2. 685039	1. 126439
5	176. 3486	53. 63648 *	4. 56e - 08	0. 104906	3. 354787	1. 422123
6	206. 2449	47. 76908	4. 94e - 08	0. 171251	4. 050141	1. 743413
7	230. 0028	36. 41144	5. 76e - 08	0. 304318	4. 812217	2. 131426
8	261. 4330	46. 12054	6. 21e - 08	0. 353989	5. 490897	2. 436042

注：* 表示 p < 0. 01。

利用递归假设对滞后 3 阶的模型进行识别就可以得到美国货币政策冲击对中国资产价格收益率的动态影响，图 5 - 12 就是 FFR 对上证综指对数收益率序列的脉冲响应。从图 5 - 12 中可以看到，美国联邦基金利率一个标准差的新息冲击会对中国的资产价格产生一个负的影响，即美国紧缩的货币政策会导致中国资产价格收益率的下降，而美国宽松的货币政策会导致中国资产价格收益率的上升。综合表 5 - 25 的脉冲响应值的信息，可以看到，美国紧缩的货币政策对中国资产价格冲击的峰值在第 3 个月达到，为 - 0. 017555，3 个月后这种负的影响逐渐降低，影响维持的总的期限大约为 20 个月。

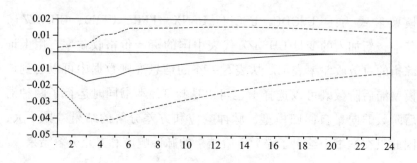

图 5 - 12　美国货币政策冲击对资产价格冲击的脉冲响应

表 5 - 25　　　　　　　　　FFR 对 CHSZZZ 的脉冲响应值

期数	1	2	3	4	5	6
脉冲值	- 0.008956	- 0.013068	- 0.017555	- 0.015620	- 0.014621	- 0.011239
期数	7	8	9	10	11	12
脉冲值	- 0.009854	- 0.008723	- 0.007671	- 0.006543	- 0.005496	- 0.004546

　　表 5 - 26 是 FFR 对 CHSZZZ 变动的贡献率，从方差分解的结果可以看出，在对中国资产价格收益率进行预测的方差中，美国货币政策的贡献率先上升后下降，贡献率最高的月份出现在 FFR 变动后的第 4 个月，达到 2.49%，并且总的来看，FFR 波动对 CHIM 的解释能力是比较强的。

表 5 - 26　　FFR 冲击对 CHSZZZ 变动的贡献率（方差分解）

时期（月）	1	2	3	4	5	6
贡献率	1.160326	1.160326	2.391843	2.486685	2.479572	2.349169
时期（月）	7	8	9	10	11	12
贡献率	2.231009	2.131244	2.045375	1.968741	1.900556	1.840194

　　目前，中国的金融自由化进程相对来说还是比较缓慢的，虽然有逐步加快的趋势，但总的自由化水平并不高。尽管如此，美国货

币政策冲击通过资产价格的渠道溢出，中国仍然具有了一定的基础。

　　首先，美国的货币政策变动会改变中美经济运行的基本面。经济的基本面发生变化必然会对微观主体的未来盈利和资金成本产生影响，从而导致股价的波动。随着中国对外开放的深入，中美两国经济基本面的相关性也在逐步加强，因此，美国货币政策调整会导致基本面发生调整，从而对中国的股价产生影响。在这个过程中，微观主体通过国际贸易、对外直接投资以及跨国并购起作用。仅以跨国并购为例进行说明，所谓的跨国公司既有可能在全球开设子公司，也可能通过跨国并购从而持有一定份额的国外公司股权。无论是哪一种方式，子公司所在国的经济信息、货币政策的变动都会对该子公司的运营产生影响，子公司的未来现金流受到影响，那么母公司的未来现金流必然也会受到影响，最终的结果就是导致母公司股价的波动。因此，如果一国有大量依赖海外业务为主的上市公司，那么国外经济基本面的信息就必然对国内股价产生明显的影响。中国跨国并购销售和购买交易量分别由1990年的1起和3起上升到2006年的247起和61起，跨国并购销售额和购买额也由1990年的800万美元和6000万美元上升到67.24亿美元和149.04亿美元。2007年中国的跨国并购继续增长，跨国并购值比2000年增长了21%，并购数量也增加了12%。统计数据显示，随着中国经济的快速增长，外资并购的规模也在大幅地提升。在不断发展的跨国并购后，中国经济与世界经济的联系在不断加深，也使美国货币政策的调整引起的经济基本面变动对中国宏观经济运行和微观主体决策的影响进一步增强，最终导致了上市公司未来现金流的变化和股价的波动。

　　其次，美国的货币政策冲击会改变全球的资金面因素。美国的货币政策调整会对全球范围内的资本流动产生影响，从而影响到中国的流动性状况，进而影响到资本市场的资金供求。如果一国的资本市场中有大量的国际投资者，当国际投资者所在国的货币政策影响了流动性后，国际投资者就会调整他们在全球范围内的资产配置。国际投资者通过增加或减少对该国的股票需求来调整其资产组合时就会直接改变股市的资金供求，从而导致股市的波动。股市投资者中国际投资者数量越多、资金实力越强，那么国外货币政策调整对股价的影响就越显著。随着中国资本市场的逐步开放，越来越多的境外机构投资者开始投资于中国的股票市场。2002年，中国证监会颁布并实施《合格境外机构投资者境内证券投资管理暂行办法》，开始允许合格的境外机构投资者在中国境内进行证券投资活动，次年QFII制度正式启动。截至2011年3月，共有109家境外机构获得了中国证监会批准的QFII资格，QFII成为国内股市中仅次于基金的第二大机构投资者，在中国股票市场的影响力与规模都在与日俱增。从QFII的构成来看，来自美国、欧洲和日本的机构投资者占了绝大多数，中国股票市场的静态国际化程度显著提高，对美国货币政策调整带来的联动效应非常敏感。

最后，美国货币政策的调整还会改变投资者的预期因素。投资者对上市公司盈利能力、资金成本以及资本市场资金状况的预期会导致股价的波动。伴随着科学技术的进步和世界经济一体化程度的加深，信息可以在不同的市场间以较低的成本迅速传递，中国的投资者开始日益关注美国货币政策的调整。美国货币政策的调整通过预期因素作用于中国的股市，但是，这一作用机制会受到投资者的信息识别能力以及中国股市运行效率的影响。美国货币政策的调整可能因为中国的投资者无法分辨究竟属于局部因素还是全球因素，对信息做出过度的反应，从而影响到中国的股票市场。因此，中国投资者对美国货币政策所包含信息的识别能力决定了投资者在进行投资决策时对美国货币政策信息变动的依赖程度。同时，中国股市的运行效率也能够影响到美国货币政策作用于中国股市，当中国股市能够及时、有效、充分地反映投资者的预期变化时，美国货币政策的影响也会比较大。在过去的十多年间，中国资本市场的改革不断深入，市场规模不断壮大，制度安排不断完善，投资者的结构不断优化，资本市场效率也在不断提高。由此导致投资者的决策信息在不同股市间迅速传递，投资者信息识别能力的提高和资本市场效率的提高共同决定了美国货币政策对中国股市溢出效应的传导更准确迅速。

四　美国货币政策对各渠道中间变量的影响比较

本书对美国货币政策溢出到中国的政策渠道、贸易渠道和资产价格渠道进行了实证检验。从表 5 – 27 列出的美国货币政策冲击对各渠道变动的贡献率对比可以看出，美国货币政策冲击对政策渠道的中间变量利率和货币供给量的影响最大，其次是资产价格渠道，最后是贸易渠道。在贸易渠道中，美国货币政策的冲击对出口的影响又大于对进口和净出口的影响。

表 5 – 27　美国货币政策冲击对各渠道变动的贡献率对比（方差分解）

时期	政策渠道		贸易渠道			资产价格渠道
	利率	货币供应量	进口	出口	净出口	资产价格
1	0.872050	0.572156	0.460317	0.450488	4.32E – 05	1.160326
2	10.66132	0.922071	0.497117	0.659402	0.003071	1.160326
3	18.39715	1.367471	0.824068	0.887484	0.024040	2.391843
4	22.80072	1.794982	0.935548	1.285588	0.089849	2.486685
5	24.38213	2.221996	0.918349	1.399526	0.151649	2.479572
6	25.08017	2.474704	0.896977	1.387476	0.246344	2.349169
7	25.36963	2.623917	0.949303	1.472161	0.323815	2.231009
8	25.27743	2.694109	0.981651	1.556350	0.392454	2.131244
9	25.01820	2.689722	0.977525	1.578182	0.463090	2.045375
10	24.67917	2.630660	0.980887	1.600119	0.533072	1.968741
11	24.29021	2.537574	0.986324	1.625442	0.596451	1.900556
12	23.86966	2.423454	0.983076	1.637443	0.650787	1.840194

第四节　实证研究结论

（1）美国的货币政策对中国的产出存在溢出效应，但这种效应主要是一种短期的影响，集中在前3个月，3—8个月的时间里脉冲值围绕0上下波动，8个月之后，基本上没有影响。从影响的方向来看，美国的货币政策对中国产出最主要的是一种负向的影响，即紧缩性的货币政策会带来中国产出的短暂增加，宽松型的货币政策会带来中国产出的短暂减少。

（2）美国货币政策对中国的通货膨胀水平存在溢出效应。当美国实施紧缩的货币政策时，中国的通货膨胀水平会上升，这种上升在前3个月达到峰值，之后就逐月下降，但是，这种正的影响在长期一直存在。

（3）美国货币政策冲击通过政策渠道传导溢出效应。美国的货币政策对中国的利率有正向影响，脉冲值在4个月达到顶峰，在10个月后基本稳定。从方向上看，美国货币政策溢出效应的影响是正的，美国加息，中国也会随之加息。美国货币政策冲击对中国货币供给量也存在正向影响。脉冲值在7个月达到顶峰，意味着当美国实施紧缩的货币政策时，我国的货币供应量反而是上升的。利率政策同向变动，而货币供应量却反向变动。对中国货币政策自主性的检验结果发现，中国虽然实行的是以货币供应量为中介目标的货币政策操作策略，但是，中央银行对货币供应量的控制力并不强。中央银行的国内净资产变动的波动率和国外净资产变动的波动率之间负的相关性在大幅提高，我国的货币政策在很大程度上是对美国货币政策的一种被动调整。

（4）美国货币政策冲击通过贸易渠道传导溢出效应。美国货币政策的冲击对中国的进口存在正向的影响，维持期达到了16个月。在存在影响的16个月中，脉冲值虽然呈现下降的趋势，但波动是比较剧烈的。从影响的方向来看，在美国扩张性货币政策的刺激下，中国的进口会减少。在美国紧缩的货币政策刺激下，中国的进口会增加。美国的货币政策对中国的出口存在正向的影响，在美国扩张性货币政策的刺激下，中国的出口会减少。在美国紧缩的货币政策刺激下，中国的出口会增加。来自美国货币政策影响的峰值出现在第4个月，然后呈现波动下降趋势，维持期达到了20个月。美国的货币政策对中国的净出口产生一个先负后正的影响，负向影响的维持期为3个月，从3个月之后的影响就是正的。美国的货币政策调整会影响中国的净出口，美国紧缩的货币政策在3个月内会使中国的净出口减少，3个月后会使中国的净出口增加。

（5）美国货币政策通过资产价格渠道传导。美国货币政策会对中国的资产价格产生一个负的影响，即美国紧缩的货币政策会导致中国资产价格收益率的下降，而美国宽松的货币政策会导致中国资产价格收益率的上升。这种影响的维持期限大约为20个月，峰值出现在第3个月。

（6）在三种影响渠道中，美国货币政策冲击对政策渠道的影响最大，其次是资产价格渠道，最后是贸易渠道。在贸易渠道中，美国货币政策的冲击对出口的影响又大于对进口和净出口的影响。

第六章　货币政策国际协调安排和中国货币政策国际协调的实践

第一节　货币政策国际协调安排

货币政策的国际协调最早可以追溯到 19 世纪，从那时开始，各国中央银行之间的货币政策合作获得了相应的发展。但是，不同时期的货币政策国际协调也有着不同的内容，表现出了不同的经济特征。本节将以时间为线索，从货币政策国际协调的角度，总结不同的货币政策国际协调框架下的协调方式和成果，以对货币政策的国际协调提供借鉴和指导。

一　金本位制下的货币政策国际协调

金本位制度形成于 19 世纪 70 年代，是第一个全球性的国际货币制度。金本位制下的货币政策的国际协调不是产生于国际协议，而是在金本位制基本的交易制度和交易习惯作用下的产物。金本位制的基本运行规则是：第一，货币可以自由铸造，任何人都可以较低的成本把相当于本位币含金量的黄金转化为金币；第二，金本位制下的各种货币符号之间可以自由兑换，银行券可以自由兑换成等量的黄金，其他金属铸造的辅币也可以自由兑换成黄金；第三，黄金可以自由地进出口，任何国家都不对黄金的出境和入境施加限制，各国的储备主要是黄金，国际结算也采用黄金。

（一）金本位制的货币政策国际协调是一种自发形成的规则协调

金本位制是一种天然的固定汇率制度。在这样的制度安排之下，各国货币的汇率由铸币平价决定，实际汇率水平在铸币平价和黄金输出点和输入点之间小幅波动。金本位制下，国际收支也存在一种自动的协调机制，当一国出现国际收支逆差时，黄金将从该国流出，该国货币存量下降，物价水平随之下降，此时该国的商品国际竞争力提高，出口增加，进口减少，贸易情况得到改善直至国际收支均衡。同理，当一国出现国际收支顺差时，黄金流入该国，该国货币存量上升，物价水平上升，在相对价格的作用下，该国的商品国际竞争力下降，出口减少，进口增加，贸易情况恶化直至顺差消失，达到国际收支平衡。

在金本位制下进行的货币政策国际协调，要求各个协调国家自觉地遵守金本位制的基本规则，并且把国际收支平衡的外部均衡目标放在国际经济目标之上。在金本位制下，货币政策自发地对国际收支状况进行调节时，要以一国的通货膨胀或经济萧条为代价。金本位制的这种自发协调机制之所以能够实现，值得注意的一点是，当时各个国家的政府规模很小，货币政策干预经济的能力很弱，即使干预也是以外部平衡目标为首。金本位制时期，经济发展的自由竞争特征明显，工资和价格的弹性比较大，这些都保证了金本位制货币政策国际协调的顺利实现。

（二）英国在金本位制下货币政策国际协调中占有重要地位

金本位制在全球的推广与英国经济的强大以及英国在政治中的霸权地位密不可分。从18世纪60年代开始，英国开始了工业革命的进程。到19世纪，英国已经成为世界的制造业中心、国际贸易中心以及世界金融中心。英国是世界上最大的债权国和资本输出国，英镑是最主要的世界货币。在这样一种背景下，英国的货币政策具有相当大的国际溢出效应，英格兰银行的政策可以影响世界资本流动，英格兰银行的利率政策可以影响全球的资金成本。因此，金本位制实际上是一种以英国为主导国家的货币体系，英国在货币政策的国际协调中占有中心和霸主的地位。凯恩斯在他的《就业、利息和货币通论》中就曾经说过，在19世纪下半期，伦敦对世界整体信贷条件的影响力具有如此的支配力量，英格兰银行简直可以称为"国际交响乐的总指挥"。①

在金本位制度下，具有重要地位的英格兰政策目标相对单一，即维持黄金的价格稳定以及实现自身的国际收支平衡。在这样的政策目标下，英国所推行的货币政策主要是通过直接买卖黄金以控制黄金的流动、改变英格兰银行的贴现率以及大量的资本输出。虽然英格兰银行是基于自身利益制定和执行货币政策的，但是，由于其把外部平衡作为政策目标，因此，世界上其他国家的中央银行接受并追随其货币政策。各国在金本位制下进行了有效的货币政策国际协调，在19世纪末期，欧洲12个主要经济体的中央银行公布的贴现率基本上是共同变动的，呈现出同涨同落的变化趋势。并且最为重要的是，当时主要经济体的经济周期相当一致，因此，各国货币政策国际协调中几乎没有冲突。在这样完美的背景下，金本位制下货币政策国际协调呈现出一种主要经济体与英国采取一致的货币政策的良好局面。

除贴现率的变化之外，以英国为首的主要经济体的中央银行还通过参与国际资本流动来对国际收支进行调节。在这一时期，英国的经常账户长期保持着不断增长的顺差局面，资本账户则长期保持着大量的逆差。据统计，英国在19世纪初期时，经常账户的每年的顺差额为8.7亿美元以上，同时资本账户的逆差额达到8.5亿美元以上，也就是资本账户的大量输出基本消化了经常账户的盈余。据马君璐（1995）的估计，在第一次世界大战爆发前，英国对外提供了大约180亿美元的资金，其次是法国90亿美元，德国58亿美元。

---

① B. Eichengreen, "Conducting the International Orchestra: Bank of England Leadership under the Classic Gold Standard", *Journal of Money and Finance*, 1987 (6), p. 5.

资本流入国则主要是美国、加拿大、亚洲和非洲等国家和地区。

资本流动的结果对输出国和输入国产生了截然不同的影响，以英国为代表的资金输出国，通过资本流动调节了国际收支不平衡，减少了大量顺差对国内经济的不良影响，而且大量的海外投资也带来了大量的利润。同时由于国际资本输出产生的反馈效应，海外投资的资金流促进了本国出口的发展，形成了资本流动和商品贸易互相促进的良好态势。相反，资本输出国由于缺乏保护手段，只能在货币政策的国际协调中处于一个十分被动的地位。

（三）金本位制货币政策国际协调的启示

作为人类经济史上的第一个货币制度，金本位制既有自动调节状态下的全球经济高度繁荣稳定，也有不纯粹的金本位带来的国际关系失衡。只有同时认识该制度的优势与劣势，才能更好地处理今天的货币政策国际协调问题。

金本位制最突出的优势就是自动调节机制，这种货币政策的国际协调建立在公平公正的基础上，国际压力小，是一种参与协调国的自发行为。而当今的国际货币政策协调领域，激烈的国际货币摩擦频繁发生，"现代人只能在市场失灵和政府失灵的夹缝中苦苦追求高效稳定的国际货币协调方式"。[①] 因此，金本位制的自动调节似乎具有了无限的吸引力，是一种十分理想的国际货币政策协调模式。但是，应该看到的是，金本位制能够实现这种自动调节的最根本的原因就在于黄金可以自由输出入以及可以自由铸造的没有管制的状态，并且各国在国际货币政策协调领域享有共同的政策目标，即追求外部平衡。金本位制对外部均衡目标的重视意味着一个国家国内的经济目标、国内的经济福利要完全服从于金本位的规则。

金本位制下，逆差国家自动减少本国的货币流通数量，顺差国家自动增加本国的货币流通数量，结果就是逆差国家产生了通货紧

---

① 李海燕：《经济全球化下的国际货币协调》，冶金工业出版社 2008 年版，第 68 页。

缩的压力，顺差国家产生了通货膨胀的压力。金本位制下，各个国家的货币当局并没有因为国内的通货紧缩或者通货膨胀改变对外部均衡的追求，原因在于以下三个方面：

首先，当时的资本主义正处于发展的初级阶段，在经济领域，亚当·斯密的自由竞争和自由放任理论政策是主流的意识经济形态。各国普遍信奉"看不见的手"的调节作用，价格和工资弹性很大，国际市场中集中了大量的自由贸易。这些都为货币政策的国际自动协调提供了良好的环境。

其次，作为当时在国际上最有影响力的货币当局，英格兰银行制定其货币政策时以外部均衡为最重要的目标。英国作为金本位制时期的金融中心，其货币当局不仅承担着调节本国货币制度，同时也是国际货币体系的支付中心，控制着黄金流量。英格兰银行为了维持英镑的国际可兑换性，保持英镑和黄金价值的稳定实质上客观强化了金本位制国际汇兑关系的稳定。

最后，当时的全球主要经济体的经济周期高度一致，资产价格差异不明显，各国呈现了利率趋同的局面。因此，客观上说，各个主要经济体容易达成一致进行货币政策的国际协调。历史资料显示，1869 年，由于短期资本套利的影响，实行金本位制的西方主要工业国家的利率水平差距甚微，伦敦的贴现率只比巴黎、汉堡、法兰克福、布鲁塞尔高 0.5%，柏林和阿姆斯特丹的贴现率只比伦敦高 0.25%—0.5%。[①]

综上所述，自由经济理念、稳定的黄金价值以及国家间趋同的政策目标促进了金本位制的货币政策国际协调效果，但随后的金块本位制和金汇兑本位制下，这些因素不再同时存在，从而导致了货币政策国际协调的弱化。当今的经济环境中，这些条件已经不再具备。信用货币制度下，黄金非货币化，纸币的价值波动剧烈，国家

---

① 李海燕：《经济全球化下的国际货币协调》，冶金工业出版社 2008 年版，第 69 页。

干预的思想占据了经济意识主流，各国对内部均衡过度追求，这些都导致了货币政策自动协调的基础已经荡然无存。而在经济全球化的背景下，货币政策的国际协调又是十分必要的，人为调节是当今货币政策国际协调的唯一出路。人为调节又意味着各国为了自身的国家利益、经济利益以及政治利益进行讨价还价，这注定了当前进行货币政策国际协调的复杂性，为货币政策的国际协调提出了更新的内容和更高的要求。在无法进行自动调节的前提下，如何限制外部不均衡的规模，减少货币政策国际协调的障碍，是金本位制留给我们的思考。

二　布雷顿森林体系下的货币政策国际协调

（一）货币政策国际协调的背景

第一次世界大战后，在美国、英国、法国等主要发达国家恢复金本位的前后，其他在战前实行金本位制度的国家也相继恢复了不同形式的金本位制度。在这一阶段，国际货币集团之间的货币协调是建立在共同经济和政治利益之上的。尽管当时的货币协调层次单一、内容单调且没有建立起正式的约束机制，但在国际金融市场空前混乱的时代，以三国协议为核心的国际货币协调在一定程度上稳定了金融局势，延续了国际金融市场的局部发展，但是好景不长，战后恢复的金本位制仅仅存在了几年的时间，就在 20 世纪 30 年代的大危机中就瓦解了。

第二次世界大战结束后，世界主要资本主义国家的经济政治实力发生了重大变化，德国、意大利、日本是战败国，国民经济被破坏殆尽。英国经济在战争中遭到重创，实力大为削弱，已不具备管理国际货币体系的能力。而美国却利用战争迅速扩张经济实力。1938—1944 年，美国的工业生产增长了两倍。1945 年，美国工业生产总值占资本主义国家的 60%，出口量占 1/3。1941 年 3 月 11 日到 1945 年 12 月 1 日，美国根据《租赁法案》向同盟国提供了价值 500 多亿美元的货物和劳务。黄金源源不断地流入美国，美国的黄金储备从 1938 年的 145.1 亿美元增加到 1945 年的 200.8 亿美元，约占世界黄金储备的 59%。美元的国际地位因其国际黄金储备的巨大实力而空前稳固。

有强大的经济实力做后盾，战后的国际货币体系注定是一个美国和美元占据突出地位、有利于美国对外经济扩张、便于美国把持世界经济金融霸权的国际货币体系。在美英各自规划的关于战后国际货币金融体系的重建计划中，最终以美国财政部长怀特的计划为蓝本，结束了战前和战争时期国际金融市场的混乱及冰冻局面，建立了战后统一的货币体系——布雷顿森林体系。

布雷顿森林体系体现了西方国家的共同愿望。在它所设想的世界上，各国政府有相当大的自由，争取达到本国的经济目标，然而，货币秩序要建立在固定汇率的基础上，以防止发生破坏性的竞相贬值以及推行 20 世纪 30 年代的那些政策。布雷顿森林体系反映了各国社会目的和政治目标上的根本性变化。19 世纪金本位和自由放任思想使国内稳定服从于国际准则，两次世界大战之间否定了这些目标，第二次世界大战后的布雷顿森林体系则企图做到一箭双雕，该体系企图既避免国内经济活动服从于传统金本位所体现的汇率稳定，也避免为两次世界大战之间特有的那种国内政策自治而牺牲国际稳定，它企图使政府能在国内执行凯恩斯的刺激增长政策，同时又不破坏国际货币稳定，从而实现国内干预和国际稳定的和平共处。

（二）布雷顿森林体系下的国际货币协调机制

布雷顿森林体系是国际货币发展史上第一个建立在人为协调基础之上的国际货币体系。不同于金本位下的多边相机抉择的国际货币协调，布雷顿森林体系下的货币协调属于国际机制协调，这也开创了金融发展史上机制性货币协调的先河，对后来的国际货币协调的发展产生了重大影响。

第一，汇率协调机制。布雷顿森林体系的实质是以美元为中心的国际货币体系，其汇率安排是一种"可调整的盯住汇率制度"。按照《国际货币基金协定》规定，汇率安排实施双挂钩制度，美元和黄金直接挂钩，1 美元可兑换 0.888671 克纯金；各国货币与美元挂钩，与美元之间实行固定汇率，一经确定，不能随意变更。另外，协议还规定各国货币对美元的汇率一般情况下只能在基准汇率上下 1% 的幅度内波动，各国政府有义务在汇率出现较大波动时干预外汇市场，维护汇率的稳定。若会员国想要使其汇率波动超过 10%，则必须事先得到国际货币基金组织的允许。1972 年 12 月，会员国货币兑美元汇率的波动幅度调整为基准汇率上下 2.25% 的幅度。这一规定既避免了各国中央银行使用以邻为壑的货币贬值来进行贸易战和汇率战，也防止了汇率安排过于僵硬，该机制允许会员国在出现国际收支失衡时申请调整货币兑美元的汇率。由于国际货币基金组织的参与，各国也不可频繁地进行汇率变动，这就确保了国际货币关系的相对平稳。

为了保持世界各国之间的货币能够自由兑换，维持汇率的稳定，改变第二次世界大战前各个货币集团之间货币存在严格兑换限制的局面，布雷顿森林体系对各国之间的货币兑换进行了一系列的规定。布雷顿森林体系规定了各国货币自由兑换的原则：任何会员国对其他会员国在经常项目往来中积存的本国货币，若对方为支付经常项目换回本国货币，均不得设限。考虑到各国的实际情况，布雷顿森林体系又做出了"过渡期"的规定。布雷顿森林体系还规定了国际支付结算的原则：会员国未经基金组织同意，不得对国际收支经常项目的支付或清算加以限制。设定兑换规则的主要目的是能够消除各国之间严格的外汇管制，从而形成一个自由、统一的外汇市场，使各国之间的汇率能够真实地反映国际金融关系。

第二，国际收支的调节机制。各国的国际收支平衡是维护和稳定国际货币兑换关系的重要保证，而国际收支失衡会对国际货币体系及国际货币兑换关系的维系产生重要的影响。在保持各国国际收支平衡方面，布雷顿森林体系进行了详细规定，目的是能够实现各国之间的长期货币关系稳定。在布雷顿森林体系下，各国的国际收支调节机制主要包括自动调节机制、政策调节机制、汇率调节机制和国际货币基金组织协调机制四项内容。

国际收支的自动调节机制是指当一国的国际收支出现不平衡时，其国内的总供给和总需求会出现变化，从而价格和利率水平会发生变化，通过一系列的传导过程，使一国的国际收支重新恢复到均衡的水平。当一国发生国际收支盈余时，该国的货币供应量上升，从而增加本国的消费和总需求，需求的增加会引起国内价格水平的上升，以及进口的增加，在固定汇率制度下，该国商品价格水平的上升会降低其商品在国际市场上的竞争力，从而使出口减少，对国际收支产生不利的影响，国际收支盈余减少，直到该国的国际收支重新恢复平衡；反之亦然。自动调节机制理论上成立，但所要求的前提条件过于苛刻，比如，要求货币发行渠道要畅通无阻、马歇尔—勒纳条件要成立，另外，不允许各国设立任何的关税壁垒和贸易壁垒等。

布雷顿森林体系下的国际收支政策调整机制是通过人为调节国际收支均衡的重要内容。在双挂钩的制度安排下，各成员国都有义务维持稳定的汇率关系，当一国出现国际收支失衡时，该国的货币会有升值或贬值的倾向，从而对国际货币兑换关系产生影响，为了维持货币兑换的稳定，各国必须要保持自身的国际收支均衡。例如，当一国出现大额的国际收支顺差时，会导致该国的货币升值，为了维护币值的稳定，该国政府必须要采取扩张性的货币政策或财政政策来压缩国际收支盈余规模，使该国货币币值回到原来的水平。

汇率调节机制是指当一国的国际收支出现长期巨额的不平衡，而由于某种原因又不能通过该国自身所进行的主动的货币政策和财政政策进行调整的，可以通过汇率的调整来完成。如果一国出现长期巨额的国际收支逆差，该国向国际货币基金组织申请本国货币贬值即可，而无须进行国内经济政策的调整，无须承受生产紧缩、失业增加的代价。

国际货币基金组织作为战后布雷顿森林体系的核心机构，其主要目标是维持货币体系的正常运行，维持汇率稳定和各国国际收支的平衡，国际货币基金组织的国际收支协调机制是布雷顿森林体系独特的货币关系协调规则。当一国出现国际收支失衡时，该国可以通过向国际货币基金组织贷款来调节。根据《国际货币基金组织协议》第三条规定：会员国份额的 25% 用黄金或可兑换性货币缴纳，其余部分以本国货币缴纳。会员国在需要融资弥补国际收支逆差时，可用本币向国际货币基金组织购买一定数量的外汇，视为提款；将来在规定的期限内以用黄金或外汇购买本币的方式偿还所借外汇资金，称为购回。贷款资金的来源是会员国向基金组织缴纳的份额，贷款的数量也与份额的大小有关。

第三，国际货币基金组织的协调中枢功能。国际货币基金组织是布雷顿森林体系运行的核心机构，其对各国之间的货币政策协调起到了举足轻重的作用，主要的目的是维持双挂钩的汇率制度安排能够平稳运行。协调的内容主要包括两个方面：一方面是维持美元与黄金之间汇兑水平的稳定；另一方面是维持各国货币与美元之间的汇率稳定。在布雷顿森林体系运行的 20 多年的进程中，国际货币基金组织通过多方协调，主导各国达成了诸多的国际协议，有力地维护了布雷顿森林体系的平稳运行（见表 6-1）。

表 6-1　　　　　　　　　国际货币基金组织的具体工作

时间	具体工作
1959 年 9 月	为了扩大对成员国的援助，国际货币基金组织将份额扩大到成立时的 50%，资金增加至 140 亿美元
1961 年 10 月	国际货币基金组织组织了 8 个西方国家成立黄金总库以维持金价的稳定
1961 年 2 月	9 个西方国家接受了《国际货币基金组织协议》第 8 条款义务，至此，所有西方国家全部实现国际收支经常项目的自由兑换
1962 年 2 月	国际货币基金组织促成美国与 14 个西方国家的中央银行签订了总额为 117.3 亿美元的《货币互换协定》
1962 年 10 月	国际货币基金组织与西方 10 个国家达成了总额为 60 亿美元的借款总协定，以在必要时支撑美元汇率，维持布雷顿森林体系的运转
1969 年 8 月	国际货币基金组织设立了特别提款权账户，增加了国际储备资产，以减轻对美元的储备需求压力

三 现行国际货币体系下货币政策的国际协调

（一）货币政策国际协调的背景

当今的国际货币体系是由 1976 年牙买加会议确定的牙买加体系，是一个适用于当代汇率制度多样化、储备资产多样化、国际资本流动加剧、区域金融蓬勃发展的货币体系框架。在这个框架下，国际货币关系的协调方式呈现出多层次、多渠道、多主体的特点，国际机构协调和大国多边协调并存、规则性协调和相机性协调相辅相成、全球协调和区域协调共同发展。

浮动汇率制度的推崇者认为，浮动汇率制度可以解决国内自主权与国际准则抵触的根本问题。在这一制度下，一国的宏观经济政策从根本上不会影响到其他国家的经济，各国可以根据自身经济发展的阶段目标与发展水平自由地执行宏观经济政策。然而，浮动汇率制度实际运行的情况证明，随着经济金融全球化的深入发展，国与国之间的经济依存度日益加深，在浮动汇率制度下，国内经济政策不会受到国际因素影响的这一看法已有失偏颇。经济金融的全球化使各国经济之间高度依存、密切相关，一国政策的溢出效应越来越明显。

首先，资本的高流动性使国际金融市场的价格趋同，利率变化的联动性趋势明显。自 20 世纪 80 年代以来，美国、日本、德国、英国等国家无论是货币市场的短期利率，还是资本市场的长期利率走势基本上保持一致。随着国际金融市场的发展和资本国际流动管制的放松，各国国内金融市场已经紧密地联系起来了。

其次，随着资本市场国际一体化的程度逐渐提高，世界主要证券市场的相关度也不断提高，具体表现在各主要证券市场的收益率极其相似，一国证券市场的波动已经可以迅速地波及其他国家市场，从而导致全球性的证券市场波动。

最后，随着资本市场国际一体化和金融全球化的发展，不同金融市场之间的相关性也日益提高，突出表现在股票市场和外汇市场之间的联系更加紧密。汇率及外汇市场上外汇买卖的一场波动会迅速引起股票市场的强烈反应，而股票市场的剧烈波动，也会迅速地传递到外汇市场，从而引起汇率的波动。

国际资本流动的日益剧烈，使各国的经济依存度达到了前所未有的高度，各国政策的溢出效应也达到了前所未有的水平。贸易收支的严重失衡、汇率的频繁剧烈波动，全球性的经济紧缩与膨胀，以及货币金融危机的爆发对各国的政策制定与执行均产生了严重的外部约束，各国的经济政策也在一定程度上产生了相当大的负外部性，在现实的条件下，一国已经难以通过一己之力独立解决这些问题，而必须要通过国与国之间的协调与合作才能妥善处理，进而保持经济的稳定与均衡增长。

（二）现行国际货币体系下货币政策的国际协调机制

1. 国际货币基金组织的全球多边货币协调

第一，国际收支协调。在浮动汇率制度下，由于没有汇率固定和国际收支平衡的制度性约束，国际货币基金组织推动国际货币合作、维护汇率稳定、作为解决国际货币问题的咨询和协调机构的难度加大，但国际货币基金组织承担了维持成员国国际收支平衡的职责，根据国际货币基金组织协定，当会员国发生国际收支暂时不平衡时，国际货币基金组织有义务向会员国提供短期信贷，向会员国提供临时性资金以纠正国际收支不平衡。为此，国际货币基金组织设立了多种贷款来满足会员国维护国际收支平衡的需要，以特别提款权为单位每年向会员国提供巨额的贷款。

20世纪70年代以后，由于两方工业国能够在国际金融市场上筹集到足够多的资金来解决自身的国际收支失衡问题，所以，国际货币基金组织的援助贷款就全部转向了新型市场国家、转轨国家和发展中国家。同时，国际货币基金组织也注意更新自己的信贷工具以确保满足成员国的需要。2006年，国际货币基金组织向低收入国家引进了政策扶持贷款和外部冲击资金便利两种新的融资工具，重点解决低收入国家的国际收支失衡问题。

第二，资本市场风险监督与防范。20世纪90年代以来，金融稳定所面临的主要挑战是国际资本市场规模的扩大和复杂化所带来的威胁。为了应对国际资本市场的新情况，国际货币基金组织致力于使其金融工具能适应维持全球金融稳定，应对新情况、新风险的要求。国际货币基金组织注重从历史的经验中吸取教训，注重检测和预警，一旦发现某个国家的经济出现严重失衡和暴露出明显的脆弱性，就在第一时间予以纠正，及时避免一国经济失衡和脆弱性在国际上的扩散。

近年来，国际货币基金组织加强了对国家债务的可持续分析以及对国家财务波动的分析，密切关注区域经济，同时加强了对发展中国家的监管。在国际货币基金组织的努力下，风险防范工作的成效显著，各国的信息披露水平逐渐提高，风险的可度量性逐渐加强，对风险的防范和维护金融稳定的工作取得了很好的效果。

第三，金融危机援助。对金融危机的援助是国际货币基金组织重要职能之一，在20世纪80年代拉丁美洲的债务危机、1994年墨西哥金融危机和90年代末亚洲、拉美和西欧的银行危机中，国际货币基金组织均扮演了重要的角色，对发生危机的国家投入了大量的贷款进行援助，担当了国际最后贷款人的角色。同时，国际货币基金组织还一直致力于解决债务重组等与金融危机相关的难题，在帮助危机各国走出危机的过程中发挥了举足轻重的作用。

2. 七国集团的货币协调机制

从20世纪70年代中期开始，西方大国之间的货币协调在国际经济领域占据了重要的地位，最典型的就是西方七国首脑会议。七国集团进行货币合作的主要领域是各国货币政策的协调、外汇市场的联合干预以及对金融危机发生后的救助贷款。

西方七国首脑会议的国际货币协调由来已久，它是由美国、日本、英国、法国、德国、意大利和加拿大的国家元首或政府首脑就共同关心的重大问题进行磋商的机制，对维护西方发达国家经济稳定和经济利益，协调西方各国的经济和政治关系的意义重大。

七国集团不具备法人资格，不能采取任何强制性的措施，只是通过定期的会晤与磋商来协调西方发达国家对政治或经济问题的看法。七国集团部长级会议或国家元首及政府首脑峰会后发表公报，表明团结一致履行所做出的政治或经济承诺。七国集团的协调属于随机协调，没有常设机构和原则规定，所达成的协议也只是一种合作机制，但具有很高的决策权，信息交流充分，所讨论的内容广泛。迄今为止，以七国集团为首的工业化国家在货币政策的国际协作、外汇市场的联合干预、货币金融危机的救助贷款、贫困国家的债务减免、反洗钱、反恐怖融资等领域进行了许多有成效的协作。

3. 欧洲货币政策协调

欧洲国家的货币政策协调由来已久，早在19世纪末，法国、瑞士、德国、比利时、意大利等国就曾经组建了拉丁货币联盟，是欧洲国家间最早的货币合作与政策协调机制。纵观欧盟货币协调的发展历程，其货币协调的主要方式是通过汇率稳定、准平行货币下的汇率平价网、锁定汇率，最终过渡到货币和货币政策的统一。

1979年，欧洲货币体系成立。欧共体各国的货币协调进入了更高的层次。欧洲货币单位和欧洲货币合作基金的创设使欧洲各国完全脱离了以美元为中心的"跛行的稳定汇率机制"，真正进入欧共体汇率稳定阶段。制度要求每一个欧共体国家都要确定本国货币同欧洲货币单位（ECU）的中心汇率，并以此为基础计算出各国之间的汇率水平。各国货币当局强制性干预外汇市场，来保持汇率在运行的幅度之内波动，这被称为"汇率平价网"体系。

欧洲稳定汇率机制作为过渡性的制度安排，为更高层次的货币合作——统一货币打下了坚实的基础。为了能够登上欧元"头班车"，欧盟各国严格按照趋同标准调整本国经济，多数欧盟国家都实行了紧缩性的财政政策和货币政策。最终，欧盟15个成员国中有11个国家最先加入了欧元区，该11个国家的货币立即与欧元锁定汇率，货币政策的实施全面保证固定的汇率水平，直到欧元全面流通。2002年，欧元实现对欧元区各国的货币替换，任何的汇率变动没有了一点的余地，欧元区实现了真正意义上的单一货币。随着欧元的启动，各国的货币政策制定权全部让渡给了欧盟的超国家机构——欧洲中央银行（ECB）。欧洲中央银行担负着制定欧元区货币政策的职能，而各成员国的中央银行则负责执行货币政策，从而使欧盟各国的货币政策的协调达到了最高的形式。

第二节　中国货币政策国际协调的实践

改革开放以来，中国的经济取得了举世瞩目的巨大成绩，经济规模不断壮大，与世界经济的联系也日益紧密。随着中国经济实力的发展，我国也开始积极地参与到货币政策的国际协调领域。但是，需要说明的是，我国参与货币政策的国际协调是近几年的事情，在日常的中央银行货币政策实践中，更多的还是体现为货币政策与其他政策的冲突。我国目前的货币政策国际协调实践更多地表现为与国际组织的合作，以及面对重大的系统性冲击时的协调。

一　与国际组织的协调合作

近些年来，我国在现有的国际货币协调框架下积极开展与国际货币基金组织等国际性或一些区域性组织的协调，在资金支持、技术援助、法律支持等领域展开了卓有成效的合作。

（一）中国与国际货币基金组织的合作协调

首先，国际货币基金组织是全球重要的国际货币政策协调机制之一。虽然中国是国际货币基金组织的创始成员国，但是，在新中国成立后的很长一段时间里，中国在国际货币基金组织的合法席位一直被中国台湾占据，直到1980年才得到恢复。目前，在国际货币基金组织中，中国的基金份额占总份额的6.39%，投票权达到6.07%，在国际货币基金组织的地位仅次于美国和日本等国，居第八位。在国际货币基金组织的框架下，我国参与的货币政策国际协调首先表现在积极履行国际货币基金组织协定的义务上，这当然是我国融入世界经济一体化所做出的必然选择。

其次，与国际货币基金组织的合作与协调还体现在积极完善国内金融体制方面。从 1994 年开始，我国开始进行了汇率改革，推出了单一的有管理的浮动汇率制度。从 1996 年开始，我国实行了外汇的结售汇制度，实现了在经常项目下的人民币可自由兑换政策，并且积极推进人民币在资本项目下的可兑换。

再次，我国与国际货币基金组织的协调也体现在获得作为成员国应该享受的权力上。作为成员国，我国享有利用国际货币基金组织贷款以弥补国际收支逆差和调节经济结构的权利。同时，与国际货币基金组织的合作也体现在我国借助基金组织的平台获得信息、技术以及进行国际货币政策协调事务的交流。可以说，在货币政策国际协调领域，国际货币基金组织为我国表达自己的观点、宣传政策主张、阐明观点立场提供了一个非常重要的讲坛。在一定意义上说，这种信息交流以及发表观点的机会有时候要比货币政策国际协调还重要。

最后，我国与国际货币基金组织的合作与协调还表现在积极配合其行动上。尤其是在爆发金融危机，为了维护世界经济的繁荣稳定，中国以提供经济援助、稳定本国货币等多种形式积极与国际货币基金组织框架内的货币政策国际协调合作。

（二）与 20 国集团的合作与协调

20 国集团是由八国集团、欧盟以及一些亚洲、非洲、拉丁美洲、大洋洲 20 国的国家财政部长和中央银行行长在 1999 年 12 月 16 日在德国柏林举行的会议上创始的。20 国集团属于非正式论坛，旨在促进工业化国家和新兴市场国家就国际经济、货币政策和金融体系的重要问题开展富有建设性和开放性的对话，并通过对话，为有关实质问题的讨论和协商奠定广泛基础，以寻求合作并推动国际金融体制的改革，加强国际金融体系架构，促进经济的稳定和持续增长。此外，20 国集团还为处于不同发展阶段的主要国家提供了一个共商当前国际经济问题的平台。同时，20 国集团还致力于建立全球公认的标准，例如在透明的财政政策、反洗钱和反恐怖融资等领域率先建立统一标准。20国集团峰会，得到了世界对中国已经和平崛起的认同，得到了世界的尊重，世界公认如果没有中国的积极参与，渡过金融危机根本不可能。在20国集团的平台上，中国开始更积极广泛地表达自己对货币政策领域的观点和见解，世界开始倾听中国的声音，认真地对待中国的意见。

（三）中国与区域性经济组织的合作与协调

中国与以亚太经合组织（APEC）为代表的区域经济组织也开展了卓有成效的合作。亚太经合组织的成员体与中国经济有着密切的贸易联系，其作为整体的贸易总额占中国贸易总额的相当大的比重。由于我国在亚太地区的经济利益十分重要，自从1991年正式加入亚太经合组织后，我国在亚太经合组织框架内积极开展了广泛的经济金融政策的合作，当然，也包括货币政策在亚太区域内的国际协调。

亚太经合组织是亚太地区建立在政府协议基础上的一体化组织。除亚太经合组织之外，亚太地区还存在许多其他层次的、多种形式的政策协调模式。如一些由于地理位置接近、经济互补性强、基础设施相似等特征的次区域性组织。积极地参与次区域性合作组织的活动，大大加强了我国与亚洲各国或地区中央银行的货币政策国际协调与合作。

1997年11月，中国、中国香港、印度尼西亚、日本、韩国、新加坡、马来西亚、泰国、文莱、菲律宾等亚洲国家和地区与美国、加拿大、新西兰和澳大利亚建立了马尼拉框架。马尼拉框架的宗旨是加强和恢复区域金融稳定，建立区域金融监督机制；推进经济和技术合作，增强国内的金融体系弹性和管理能力；加强对金融危机的反应能力；推进区域内的货币政策合作；建立国际货币基金组织的补充机制。之后，马尼拉框架每年都会举行两次会议，由上述14个经济体的中央银行和财政副手即主要金融组织的高层代表参加，就地区内的金融经济形势进行监控，对国际货币体系改革进行讨论。

1998 年，在亚洲金融危机的推动下，中国提议东盟 10 国和中日韩三国建立了货币政策国际协调机制。在加强货币政策沟通对话的基础上，建立了抵御外来经济冲击的资金互助计划。2000 年，"东盟 10＋3"通过了《清迈协议》，主要内容就是增加东盟原来的货币互换规模，建立双边的货币互换系统，以帮助面临国际收支困难的成员国和稳定成员国的金融市场。具体措施包括以下几点：

第一，扩展原有的东盟货币互换规模。东盟货币互换最早只有 5 个成员国，规模是 2000 万美元的互换额度，《清迈协议》将其扩展到东盟十国，总额扩大到 10 亿美元。互换的方式以本币为抵押，互换的对手需要提供国际上三种主要货币中的一种，利率为伦敦同业拆借利率平价，期限为半年，展期不超过一年。

第二，东盟成员国与中日韩三国建立双边的互换网络，目的是为成员国提供国际收支的短期流动性支持。与东盟货币互换的区别是，最大互换额度将由双方协商确定。在这个双边互换的框架下，一国提出申请后，一国提供贷款方将协调双边磋商和集体行动。提款额的 10% 可以自动拨付，其余的 90% 必须有国际货币基金组织的宏观经济监督调控规划才能启动。期限为三个月，可展期 7 次，利率为伦敦同业拆借利率加上 150 个基点，每次展期也会增加 50 个基点，最高的溢价不会超过 300 个基点。

第三，建立双边国债回购协议网络，目的是以美国国债或签约方政府债券为抵押，增加短期的流动性来源。目前，中国已与日本、泰国、韩国等多国签署了《双边货币互换协议》，货币互换的规模大幅增加。仅 2011 年第一季度，人民币互换市场发生交易 4775 笔，名义本金总额 5667.9 亿元，同比大幅增长 170.2%。在此基础上，中国也积极地探讨加强各国货币合作的机制，呼吁亚太地区的中央银行在制定和执行货币政策上进行必要的协调，以维护亚洲国家和地区的稳定。

另外，我国也十分重视加强与日本中央银行和韩国中央银行的交流、协调以及合作。从 1996 年开始，中日韩三国就已形成了一个行长会晤对话的机制，由三国行长分别轮流主持。但它并不是采取专门会议形式，时间也不确定。2008 年 12 月开始，中日韩三国中央银行联合声明将定期召开行长会议，就区域经济金融形势和共同关心的有关中央银行的议题交换意见。中国人民银行在 2009 年主办了第一次中日韩中央银行行长会议。

二 亚洲金融危机期间的人民币汇率稳定政策

1997 年亚洲金融危机之后，人民币承受了巨大的贬值压力。在当时的情况下，人民币一旦贬值将给本就脆弱的亚洲金融市场以沉重的打击，同时也将对美国和欧盟的金融市场产生强烈的负面冲击。国际货币基金组织和世界银行等国际金融组织一再表示，希望人民币币值保持稳定，美国、欧盟也表示，人民币的贬值将引发亚洲金融市场新一轮剧烈的震荡。

为了应对亚洲金融危机，维持亚洲金融市场的稳定，中国政府在 1997 年 12 月的东盟高峰论坛上郑重承诺，人民币将保持币值稳定。中国同时还向东南亚国家提供了总计 40 多亿美元的援助资金，是亚洲金融危机的第三大资金援助国。中国这些负责任的举措，为抵御亚洲金融危机、维护亚洲乃至世界经济的稳定做出了重要的贡献。但是，维持人民币汇率的坚挺，中国也付出了极大的代价。首先，由于我国与亚洲国家的出口结构类似，亚洲其他国家货币的贬值和人民币币值的稳定，使中国出口市场的一部分被泰国等亚洲国家挤占，同时东南亚国家也减少了对中国商品的进口。统计数据显示，亚洲金融危机爆发后的 1998 年，中国外贸出口增长的速度只有 0.5%，1999 年，中国的贸易盈余继续大幅度缩小。

亚洲金融危机期间的汇率政策国际协调使中国经济承担了大量的成本，经济增长速度放缓，国内库存大量积压，国内的失业率上升，国内居民的收入下降，引发了通货紧缩。从经济成本的角度出发，这次汇率政策的协调使中国经济付出了成本，但是，从长远来看，人民币汇率的稳定促进了亚洲经济的恢复，有效地阻止了危机的蔓延。同时，通过人民币汇率的稳定，亚洲经济得到了恢复，亚洲的金融市场得到了稳定。最后，通过这次的汇率政策协调，中国获得了极大的政治收益，中国作为一个负责任的大国的形象受到了国际社会的普遍赞誉，国际地位得到了提高。

三 美国次贷危机后的货币政策协调

以 2007 年美国爆发的次贷危机为导火线，从 2008 年下半年开始，这场金融风暴开始席卷全球。为了应对这次危机，各国政府展开了前所未有的货币政策国际协调性，同时下调基准利率、实施宽松的货币政策，频频召开国际协商会议以缓解这场国际金融危机对实体经济的冲击。中国政府也积极参与协调行动，从现实角度诠释了货币政策国际协调的含义。

首先，此次货币政策的国际协调首先表现为全球性的联合降息行动。在这次降息活动中，各国的货币政策不仅体现出趋势的同向性，而且政策推出的时间几乎同步。2008 年 10 月 8 日，美国联邦储备委员会、英格兰银行、欧洲中央银行、加拿大中央银行等西方主要国家的货币当局联合降低利率 50 个基点，同一天中国人民银行也宣布下调存贷款基准利率 27 个基点，下调存款准备金 0.5 个百分点，并同时暂免征收存款利息税。之后的几个月，中国人民银行也相继推出了降息的货币政策，一年期贷款利率累计下调了 216 个基点，一年期存款利率已经累计下调了 189 个基点。

其次，中国积极推进与周边国家的货币政策合作，稳定周边局势。2008 年 10 月，中日韩和东盟国家建立了总额为 800 亿美元的亚洲货币稳定基金，以防止可能出现的外汇危机；中国还向巴基斯坦、泰国等国提供经济援助，缓解国际金融危机对其国内政治的冲击。

再次，积极加强与美国在货币政策上的合作。一方面，中国继续增持美国国债，总额已经达到 7400 亿美元，成为美国的最大债权国。特别是国际金融危机爆发以后，中国持有的美国国债不减反增。据统计，最近几年，中国增持了近 2000 亿元，对维持美元稳定起了重要作用。另一方面，在改革国际金融体系的问题上，中国基本采取温和渐进的态度，并不寻求对现有金融体系的革命性颠覆。这既符合中国推动国际金融体系改革的原则主张，在客观上也有利于维持美国的既有地位。

最后，积极参加多种形式的货币政策信息交流。自国际金融危机爆发以来，中国先后参加了欧亚峰会、20国集团首脑峰会、亚太经合组织会议等重大国际会议。在这些多边外交场合，中国与世界各国积极合作、协调立场，共同维持全球市场稳定，批判可能出现的贸易保护主义。通过各种领导层的会晤、决策者论坛、峰会频繁举行，各国间的信息交流明显增多，传达了强烈的信息协调信号。

四 中国货币政策国际协调存在的问题及原因分析

随着中国经济的发展，尽管我国的中央银行已经加强了与国际性组织以及世界各国或地区之间的货币政策协调，但是，协调仍然处于起步阶段，无论是在理论上还是实践中，都还存在一些具体问题需要进一步去研究和解决，总的来说，这些问题主要体现在以下三个方面：

（一）国家利益成为国际货币政策协调中难以逾越的鸿沟

货币政策的国际协调建立在互惠互利的基础之上，每个参与国家都会以自身利益最大化为原则来确定协调机制。一旦发现协调机制对本国经济利益不会带来正面效用，则保持协调机制正常运行的动力将会不足。在货币政策的国际协调中，国家利益的保障要取决于我国在国际协调中的地位，而协调地位又取决于一个国家自身政治经济实力。目前，我国的经济实力与西方发达国家相比还有差距。当今世界并没有专门负责货币国际协调的机构，在这种背景下，由于八国集团对世界经济的重大影响，因此，他们在国际货币金融领域的合作与协调成为世界关注的中心，是当今世界上除国际货币基金组织以外最重要的国际经济政策协调机制。他们在货币金融领域的协调是最为细致、效果最为显著的领域，比如他们长期以来对利率的协调以及五次对汇率的联合干预行动①对世界经济的稳定与发展都起到了积极作用。尽管八国集团的协调机制不是一种规则性的机制而是一种随机协调行为，但这也正是自布雷顿森林体制崩溃以来最为现实、最常采用的形式，可以说在新的统一的国际货币体系未形成之前它不失为一种最佳选择。但是，我国到目前为止尚未被吸纳为该组织的成员，这对我国在国际协调中的地位是有影响的。

（二）货币政策国际协调的又一重要障碍是各国经济周期不同步，同时对外来经济冲击的反应也不同步

对经济周期的研究表明，各国的经济周期的确存在不一致性，美国相对于其他国家的经济波动幅度更大。中国和美国的经济周期不一致在这次的国际金融危机中也得到了很好的验证，美国经济从2008 年第二季度开始就出现了大幅的急剧下滑。今天，美国的经济仍然没有走出危机的阴影，美联储不仅继续维持接近零的联邦基金利率，并且启动了一轮又一轮的量化宽松的货币政策。同期的中国经济却面临着完全不一样的局面，中国国内的通货膨胀风险远远高于经济下行的风险。因此，中国人民银行从 2009 年 10 月开始转变了货币政策基调，中国的货币政策进入了加息的周期。中国加息、美国降息导致中美的利差不断扩大，从而必将导致资本的国际流动。在中美利差持续扩大的背景下，我国的外汇储备继续快速增长，中央银行为了维护汇率的相对稳定大量被动地吸收外汇储备，使我国的基础货币越来越依赖于外部经济的影响，货币政策的有效性大打折扣。同时，中美利差的扩大也限制了中央银行货币政策工具的使用。目前来看，我国中央银行的利率政策已经陷入了两难境地：中央银行为了扭转实际利率为负，管理通货膨胀需要提高利

---

①　自 1985 年至今，八国集团进行了五次大规模的联合干预汇率计划，第一次是1985 年《广场协议》对美元贬值的成功干预，第二次是 1987 年《卢浮宫协议》对美元升值的联合干预，第三次是 1989 年稳定美元汇率的干预，第四次是 1993 年针对日元全面升值的干预，第五次是发生在 1995 年为了提高美元汇率并保持稳定的干预。

率；但如果我国提高利率，那么中美的利差将继续倒挂，势必引起热钱的大量流入，结果就将导致流动性加剧，中国的投资和物价上涨加快。也就是说，在当前的背景下，中美利差的变化将大大削弱了中国的货币政策效果。"热钱"有相当大一部分是通过经常项目或其他渠道进入外贸企业的，这部分资本与出口结汇所引致的基础货币投放产生的效果截然不同。在出口结汇的情况下，由外汇占款导致的基础货币增加直接流向了有外汇收入的外贸企业。我国当前实行的仍然是分业经营、分业管理的体制，商业银行的资产主要是企业贷款，中央银行的冲销操作将使商业银行减少投放到内向型企业的资金。在这一过程中，货币资金在不同类型的企业之间重新进行了分配，但并没有脱离要素市场和商品市场等实体经济部门，因而并没有发生质的变化。但是，如果是没有真实贸易背景的"热钱"流入，由"热钱"产生的外汇占款所导致的基础货币增加直接流向了股市、房地产市场、外汇市场等虚拟经济部门，这种投机性的资产需求若数额庞大，就极有可能推动资本市场泡沫的形成。

（三）货币政策的国际协调还会受到其他不利因素的影响

比如市场主体的理性预期的不同、不同国家政府进行前瞻性政策预测采用的模型不同、政策协调中的"搭便车"行为、经济实力不同的国家在政策协调中可能产生的矛盾，等等。从当前的国际形势出发，我们可以对经济实力不对称导致国际货币政策协调低效进行简要的分析。在国际金融危机全面爆发之后，时任美国财长的保尔森宣称中国等新兴市场国家的高储蓄率是造成全球经济失衡并最终导致金融危机的根本原因。美联储主席伯南克甚至干脆把美国房地产市场的泡沫归咎于外国人尤其是中国人的高额储蓄。国际金融危机之后，以美国为首的西方国家和中国的贸易摩擦也在不断升级。的确，在国际贸易保护主义抬头的态势仍可能继续蔓延的背景下，出于政治考虑，西方国家要求中国在经济利益上让步，明显表现出美国等经济大国为了自身的利益，强迫经济实力相对弱小的中国等发展中国家按照其政策意图进行所谓的国际协调。这样的协调显然违背了我国的意愿，正如诺贝尔经济学奖得主斯科尔斯所说，处理人民币的汇率问题理当考虑中国切身利益，中国不应为金融危机买单。最终的结果自然是国际货币政策协调效果低下或无效。

当然，我国货币政策的国际协调中还存在信息的问题、违约的问题以及协调成本的问题，并不局限于以上几个方面。

五　中国货币政策国际协调的前景

当今的货币政策国际协调框架并不会发生根本性的变化，因此，未来的货币政策国际协调模式仍然会延续当今的由发达国家主导的格局，在这样的准则下，我国应该积极加强国际货币合作，争取发挥更加重要的作用。具体而言，可以从这样几个方面入手：

第一，加强全球性层次下的货币政策协调。例如，在国际货币基金组织的框架下积极行使权力，推进与其他国家的货币合作。在20国集团的金融峰会上，积极阐述自己的政策见解，推动与发达国家的货币政策信息交流，积极就共同关心的问题进行货币政策的磋商和协调。

第二，我国还应该积极参与地区性的货币政策协调，争取在亚太经合组织、"东盟10＋3"等区域性的组织中发挥更加重要的作用，积极推进东亚货币合作进程。美国著名经济学家伯格斯坦认为，在当前的经济格局下，中国参与全球性事务的途径主要有四个：一是通过加入世界贸易组织进一步融入世界经济之中，奠定了中国在世界经济体系和领导地位的基础，中国应该积极利用世界贸易组织的平台在多边贸易的谈判中发挥重要作用。二是通过承办亚太经合组织峰会以及部长级别的会议增强其在亚洲地区的影响能力。三是中国应该争取加入八国集团，中国目前已经是20国集团的成员，中国在20国集团中积极发挥作用将十分有助于提高中国的国际形象和国际地位。四是积极推进东亚货币合作的进程。1997年亚洲金融危机之后，亚洲各方普遍都有一个共同的愿望，即加强本地区的货币合作机制，以维护亚洲地区的金融稳定，中国应在其中发挥积极的作用。

第七章　政策建议

第一节　加强汇率政策和利率
政策之间的协调

1994 年以来，我国的外汇储备在中央银行基础货币投放中的地位越来越重要。前文中对货币政策自主性的检验也发现，中央银行国内净资产变动的波动与国外净资产变动的波动之间存在显著的负相关关系，并且两者互为格兰杰原因。因此，加强货币政策和汇率政策的协调已成为中国货币政策国际协调领域的一个首要问题。

前文分析过中国的利率政策与汇率政策存在多次冲突，其根源是近年来我国经济结构的扭曲、全球范围内的经济调整以及全球的流动性过剩格局。但是，我国的汇率水平呈现出了一种较为稳定的状态。在这样的背景下，汇率水平与均衡水平之间依然存在差距，无法通过汇率实现经济的外部均衡。为此，我国的中央银行使用了大量的内部工具来调节外部均衡，最明显的是利率政策。但是，从丁伯根法则可知，利率政策无法同时实现经济的内外部均衡，利率政策与汇率政策的联动僵化，利率政策常常处于两难境地。利率政策近年来一直在试图代替汇率政策去调节经济的外部平衡，一旦汇率问题解决，利率问题自然能够迎刃而解。

一　完善人民币汇率形成机制

当前中国的外汇储备数量巨大，人民币面临升值压力，必须要从体制的角度思考安排外汇管制政策，在风险控制的基础上，满足微观经济主体对外汇的合理需求，进一步缓解人民币升值的压力，将外汇资源在国家、企业和个人中进行分配。具体来说，可以从以下五个方面进一步推进改革：

第一，积极推进更加灵活的人民币汇率形成机制。理论和实证都已经证明灵活的汇率可以成为外国冲击的缓冲器，当影响被汇率的变动所吸收，国内经济就可能少受影响。2005 年 7 月，中国实行了重大汇率制度改革，人民币不再单一地盯住美元，而是参考"一篮子"货币实行有管理的浮动汇率制度。自人民币汇率制度改革启动以来，人民币兑美元的汇率始终处在升值的通道中，人民币汇率形成机制还不够市场化，人民币汇率还不能为外国的冲击提供必要的缓冲。因此，我国应该进一步推进汇改，增大人民币汇率的浮动，提高货币政策的独立性和有效性。从长期来看，应考虑进一步放松人民币汇率每日波动的幅度限制，力争实现人民币汇率完全自由浮动。

第二，鼓励企业的出口收入存放境外，增加企业的外汇持有量。在全国范围内，实施出口收入存放境外，是适应市场经济发展需要、深化外汇管理体制改革、进一步推进贸易便利化的重大举措，既可以平衡贸易项下的资金流出入，又可以切实便利境内企业进行跨境资金运作，支持境内企业"走出去"发展壮大。

第三，进一步提高金融机构在外汇市场中运用资金的自主性。目前，我国商业银行在外汇市场中的操作被动性还比较强，交易性需求还受到外汇管理局的规模限制。未来应该进一步放开对商业银行自主性外汇交易的限制，促进外汇市场的发展。

第四，发展外汇衍生市场，引导市场主体管理汇率风险的能力。随着企业、金融机构和个人持有外汇量的增大，外汇风险也在进一步加大，应积极推进外汇市场的改革，大胆引进外汇风险的管理产品，积极试点逐步放松国内的外汇管制政策。当前可以考虑增加交易主体，吸收外汇经纪公司等非银行金融机构的参与，推动外汇代理业务的发展，尽可能使外汇交易的供需双方见面。同时，鼓励具有不同交易动机的市场交易主体，随着人民币资本项目可自由兑换的推进，允许为市场提供流动性，并赚取短期价差的投机外汇需求。

第五，继续完善人民币汇率调控机制，适时推出美元做市商制度。可在美元、人民币市场中借鉴外币对外币交易，引入美元做市商制度，提供人民银行调控的灵活性。公开市场操作，可以先限定为美元做市商。在中央银行的公开市场操作中，既可以采取现货交易，也可以采用远期、掉期等灵活的方式，既影响即期汇率又对远期汇率有影响，进一步丰富国内的外汇市场。

二 控制外汇储备风险

中国有巨额的外汇储备，加强外汇储备的风险管理，降低储备的管理成本，提高储备的运营水平是十分重要的。

首先，应该建立外汇储备风险管理制度。全面准确地评估外汇储备可能面临的各种风险，推进量化的风险指标的运用。对不同的外汇储备管理部门要实行同样的风险管理制度。风险管理制度也应该包括外汇衍生工具所可能导致的风险。

其次，要采取科学的外汇储备风险控制手段。通过建立储备资产投资组合基准指导储备投资。投资组合基准应该使用金融工具、权重以及久期等风险指标。在进行具体的实践中，储备管理机构既可以复制组合，采取消极的投资策略，也可以持有偏离基准的投资组合，采取积极的策略，但必须有配套的风险测量方法以反映最大风险损失程度和对基准组合的偏离。

最后，可以将总的外汇储备根据不同的需求划分为不同的层次。根据流动性、收益性和安全性将外汇储备分为流动性储备、收益性储备和外汇平准基金。流动性外汇储备主要用于调节国际收支，保证对外的支付、保持本币的汇率稳定，因此，应该投资于风险较小的工具，如高信用等级的短期债券、国内外商业银行的短期存款以及具有规避风险特征的金融衍生工具。收益性储备主要是为了保持信用，增强对外的融资能力，抵抗外部冲击。因此，收益性储备可考虑投资一些风险较大、收益较高的工具，如长期债券、股票、贷款以及直接投资。外汇平准基金的目的是维持汇率的稳定，保持对外贸易的合理水平，因此，其规模需要根据人民币的汇率安排来确定，投资工具应该以黄金和外币及其等价物为主。

三　优化利率政策和汇率政策的协调配合

中国的利率市场化改革已经取得了一定的成绩，下一步应该从以下几个方面入手，协调汇率与利率改革，确保经济持续健康发展。第一，以非市场化的利率作为突破口，逐步放开存贷款利率的限制。一方面推动各类直接金融市场的发展，引入与银行竞争的融资体系，协助商业银行经营模式的转变，使商业银行逐步向零售业务、针对中小企业贷款的业务模式，提高中间业务等非利差业务的比重，为放开利差管制创造良好的环境。另一方面，应该积极鼓励金融创新和银行理财产品市场的发展，利用市场的力量逐步突破存贷款利率的限制。第二，应该积极推动银行间短期融资融券市场的发展，修改企业债券管理条例，放开企业发行债券的利率限制。在将市场化的利率引入实体经济的同时，为银行创造了为信用风险定价的市场基础。

四　加强外汇政策与利率政策协调信息交流

在货币政策委员会协调以外，应该在利率政策部门与汇率政策各级部门之间建立长期的定期协调机制，为高层次的协调部门建立提供信息的平台，两部门要相互沟通信息，共同确定关注的焦点和为实现共同目标各自需采取的政策措施。及时、准确的信息交流在制定货币政策中是十分重要的，中央银行除使用自己从商业银行采集的数据外，还应该将其他部门的数据纳入决策过程。外汇管理部门的信息提供应随着对外开放的扩大扮演更为重要的角色。外汇管理部门除提供国际收支统计和外债统计监测的信息外，还应该提供更多的有关涉外企业活动的信息，如交易价格、交易数量、对利率的预测、对汇率的预期、跨境资本流动的业务信息等，将这些信息有效整合，必然能在货币政策的制定中发挥重要的作用。

第二节　加强中美两国货币政策的国际协调

前文的实证研究显示，美国的货币政策对中国产出和物价存在溢出效应，并且通过不同的渠道传导了这种溢出效应。在这样的背景下，加强中美货币政策的协调，对于更好地实现中国国内宏观经济的稳定发展具有重要的意义。下面将根据对传导渠道实证研究的结果，提出相应的政策建议。

一　针对政策传导渠道的相关建议

本书中，货币政策国际协调的政策传导渠道使中国的货币政策受到美国货币政策调整的影响，即美国货币政策影响了中国的货币政策，从而对中国的产出和物价产生影响。在我们的实证研究中，政策渠道是最重要的一种传导机制。针对政策传导渠道的建议，主要体现在两个方面，分别是加强货币政策的国际协调，通过完善外汇管理体制来增强我国的货币政策独立性。

开放经济下，发达国家尤其是美国货币政策的溢出效应是普遍存在的，美国货币政策的调整会使各国经济受到不同程度的影响，各国经济运行的风险增大，社会的总福利水平将会降低。美国货币政策的溢出效应即验证了各国可以通过国际协调来分享福利。尤其是在经济一体化、各国经济高度依赖的背景下，货币政策协调的收益会越来越大。因此，加强货币政策的国际协调是一条根本的预防开放经济背景下政策溢出造成宏观经济波动的途径，国际协调对于改善本国货币政策的效力、增强本国宏观经济和金融市场的稳健性有重要的作用。

中央银行的货币政策决策过程应该更加有前瞻性、可靠性和协调性。货币政策的视角要向全球转变，积极关注国际经济形势的变化，动态跟踪美国货币政策的调整，充分了解货币政策国际传导机制的演进，适时调整货币政策的最终目标，保持货币政策的持续性和稳健性，充分发挥货币政策对宏观经济运行的调控功能。同时，中央银行的货币政策应该具有连续性和一致性，不断增强可靠性和透明度，有助于公众形成合理的预期，促进货币政策功能的发挥。

另外，中央银行应该积极采取措施，增加居民持有外汇的积极性，从而减少中央银行被动进入外汇市场吸收外汇的压力。我国可以借鉴国外成熟的经验，考虑发行与欧洲美元结构相似的外汇债券，从而鼓励企业和居民使用外汇投资。同时，我国也可以考虑通过成立更多的外汇基金，开展外汇投资。此外，为了配合人民币汇率形成机制的改革，未来人民币的浮动区间将进一步扩大，因此，应该推出更多的外汇衍生品，为微观的经济主体提供规避汇率风险的工具。最后，可考虑通过进一步完善外汇批发交易市场和外汇零售交易市场，为从事国际贸易的主体提供套期保值工具。

二　针对贸易传导渠道的相关建议

贸易传导渠道指的是美国货币政策工具联邦基金利率的调整会通过影响中国的对外贸易影响到中国产出和物价。目前，我国的贸易依存度很高，贸易作为拉动经济的"三驾马车"之一对中国经济增长有重要的拉动作用。针对这一传导渠道，我们可通过不断扩大内需，积极推动多元化的出口格局来消除美国货币政策冲击对我国宏观经济波动带来的不利影响。

首先，要采取多种措施，扩大国内市场的需求。调整内外需的结构，向以内需为主、外需为辅的经济发展格局转变。要想在复杂的国际环境中维持稳定的经济增长，要想从容地应对外需的波动，提高国内经济抵御外来冲击的能力，就必须调整需求结构，增加国内消费，立足于扩大国内市场的需求，使内需成为推动经济发展的引擎。目前，中国的内需市场还有很大的发展潜力，消费率很低，消费的提高空间很大。同时，随着中国经济的发展，中国居民的金融资产增长迅速，只要有适当的外部环境，金融资产就具备转向现实购买力的条件。当然，扩大内需还需要国内其他政策的配合，只有不断增加城乡居民的收入，尤其是增加农民和城市低收入群体的收入，不断完善社会保障体系才能实现。

其次，要优化出口产品的结构，积极促进出口市场的多元化。出口行业虽然为拉动中国经济的发展做出了突出的贡献，但是，我国目前的对外贸易进出口结构还需要改善，我国的出口仍然依赖低经济附加值的劳动密集型产品，对外贸易的增长也主要是出口数量的增长。贸易部门过度依赖加工贸易方式，对外部门缺乏足够的深加工，出口产品的附加值普遍偏低。因此，从今往后，我们应该大力支持企业改变单纯依靠低价格、低成本竞争的格局，不断鼓励企业以质量取胜，坚持发展自有品牌，从而向深加工、高经济附加值的贸易方向转变。同时，加大力度扶持高新技术产品的研发，尤其是具有自主知识产权的产品研发，通过技术改造使传统出口产业提高生产效率，提升出口产品的技术含量，增强出口产品的附加值。在美元不断贬值、通货膨胀压力持续、生产成本上涨的不利局面下，迅速实现产品的转型升级，变被动为主动，增强风险抵御能力，转移外部市场风险。进一步落实多元化的出口市场战略来构建中国出口稳定增长的基础。积极拓展海外市场，降低对个别出口区域的过度依赖。在保持发达国家和地区市场出口份额的同时，应该加快对发展中国家市场的开拓，采取各种方式，推动同这些地区和国家的出口。

三　针对资产价格传导渠道的相关建议

目前，通过资产价格的传导机制在美国货币政策的溢出中已经处于第二重要的地位，并且可以预见，随着我国资本项目和股票市场自由化的发展，这一传导机制还将日益增强。当前，我们应该立足于完善国内资本市场以降低中国金融体系的脆弱性。

第一，加快中国资本市场的建设，推动其向市场化、规范化的方向发展。为了积极参与全球经济金融竞争，不断推动中国经济转型，构建支持自主创新的资本市场，就必须要坚持市场化的改革方向。也只有加快市场化改革步调，健全市场化的运行机制，才是我国资本市场根本的改革路径。同时，也需要理顺政府与资本市场的关系，合理界定政府的职能范围。进一步简化政府的行政审批，把经营决策、产品创新、资产定价等权力交给资本市场的参与者，促进市场自身功能的释放，使资本市场在发行、定价、交易等环节都依靠市场机制进行运行和调节。政府则应该致力于积极营造公平的、有效的竞争环境，不断提高资本市场运行效率，稳步推进资本市场参与国际竞争。

第二，促进资本市场创新机制的形成。资本市场的管理者和市场参与主体应该明确定位，提倡市场参与主体的金融创新，推动资本市场的可持续发展。同时，也要加快推动公司债券交易市场、资产证券化市场、房地产投资基金市场、金融衍生产品市场的发展，丰富中国资本市场的交易工具。深化股票市场发行体制的市场化改革，逐渐由当前的核准制向注册制转变，实行企业上市程序标准化。积极发挥金融中介机构以及机构投资者在证券定价过程的作用。加快推动公司债券市场的发展，使之形成与股票市场的平衡。

第三，进一步完善我国证券市场的交易制度建设。通过建立多层次的做空机制形成有效的套利机制，促进证券市场实现价格发现的功能。尝试建立股票市场的做市商制度和 T+0 制度，降低交易成本。探索在银行间债券市场、交易所债券市场和银行柜台债券市场三个债券市场的基础上建立连接平台及统一的交易结算体制，提高债券市场的交易效率，降低交易成本。

第四，形成市场化的上市公司收购兼并机制。充分发挥资本市场在促进经济结构优化调整方面的功能，减少并购重组中的政治噪声，通过资本市场进行企业间的筛选，形成有效的外部约束机制，促进上市公司的发展。

第五，减少基于错误信息的市场预期的影响。充分做好信息披露工作，不断加强证券市场信息的透明度建设，提高信息在传递过程中的准确度。政府的相关决策部门应该坚持政策方向的一致性、政府行为的连贯性，在发布信息和传播信息中取得主动地位，减少基于预期的投机行为。通过引导形成理性的投资理念，培养成熟的投资心理，不断增强微观主体抵御风险的能力。

第三节 积极改善货币政策国际协调的国内环境

货币政策的国际协调产生于货币政策的国际冲突，而这种冲突最深层次的原因就是经济结构问题。本国经济结构的扭曲才是货币政策冲突的症结所在。因此，在复杂的国内经济结构和国际经济关系中，首先要解决好国内经济结构的失衡，健全国内的宏观调控体系，主动参与国际经济组织的规则制定，并积极寻求双边合作和多边合作，不断拓展本国对外的经济交往。

一 尽快改善国内经济结构失衡状况

缓解国内经济结构的失衡状况，提高我国的经济发展水平，将有助于我国在货币政策的国际协调中处于有利地位。

首先，大力提升产业结构水平，改善在国际分工中的地位。积极发挥高新技术产业的综合优势和尖端优势，着力培养有国际竞争力的技术产业，推进高新技术产业从当前以加工装配为主向自主研发转变。在全球制造业分工链中，不断提高我国制造业的地位，由精密制造转型，向高加工升级，不断提高产品的附加价值。

其次，科学对待"请进来"和"走出去"，推进资本项目开放。加强对跨境资本流动的监测和管理，一方面，调整国际收支的统计方式，加强对外资进入房地产市场的监测，细化对资本性跨境流动的管理。可以根据外汇市场的发展和资本的流动状况，必要时征收跨境资本交易税和实施无息存款准备金，以加强对跨境资本流动的管理。同时要放慢海外的上市节奏，发展本土的资本市场。在引进技术战略中，保证外资引进的质量，重视技术与管理的引进，促进国内产业的优化升级。另一方面，积极鼓励企业走出去，以政府和企业相结合的策略取得互利共赢的格局。

二 提高国内宏观经济调控效力

中国经济保持在高增速的发展状况下，与其出台更为严厉的宏观调控政策，还不如完善宏观调控体系，提高政策的执行力度。我国宏观经济调控的一个突出问题不是政策不够严、不够多，而是在执行过程中打了折扣，应该在宏观经济政策基调的前提下，注重提高宏观政策的有效性。这样，才有利于我国合理利用外部经济政策。要进一步加强和改善总量调控，保持总供给与总需求的大体平衡，防止大起大落，促进经济平稳发展。增加战略资源的储备，增加稀缺产品的进口，增加技术进口，加快国有企业的技术升级改造，同时，要加强金融市场发展，提高货币政策的传导效率。

第四节 提高参与货币政策国际协调的能力

在货币政策国际协调的过程中，如果把握不好协调时机、机制、层次，就可能陷入被动。因此，必须从健全协调机制、把握协调时机和丰富协调层次等方面入手，提高中国参与货币政策国际协调的能力。

一 健全协调机制

货币政策的国际协调离不开健全完善的协调机制。我国一直致力于建设货币政策的国际协调机制，虽然已经取得了较大进展，但是，仍然需要进一步完善。以中美货币政策协调为例，中美两国于2006年9月在北京发表声明，正式启动了中美战略经济对话机制。这一机制主要讨论两国共同关心的双边问题和全球战略性问题，中美战略对话机制每年两次，分别在北京和华盛顿举行。目前，我国还尚不具备参与八国集团等发达国家主导的经济协调机制的条件，但是，中美之间的战略经济对话在某种程度上填补了这一空白。作为货币政策国际协调机制的中美战略经济对话具有很多良好的特质，但不可否认，它也依然存在一些不足。首先，除每年两次的固定会晤外，还应该增加危机处理的协商机制，从而保证两国货币政策出现摩擦时，双方能够及时地交换意见，有效降低伤害。其次，双方参加中美战略经济对话的代表普遍层级较高，达成的共识可以签署协议，避免两国国内提出不利的议案和条例。最后，货币政策的协调范围应该继续扩大，实现真实的宏观经济政策的协调。

二 把握协调时机

在前文货币政策协调的博弈分析中可以看到，先行的货币政策协调方具有一定的优势。在现实中，这种中国先行的协调时机很少出现。以中美货币政策协调为例，两国的中央银行制定自身货币政策时主要是依据本国的经济运行情况，或者根据他国施加压力的大小。我国可考虑避免盲目跟随或者溢出效应冲抵，先于美国推出货币政策。同时，最好的协调时机是在问题出现之前，货币政策的国际协调也需要未雨绸缪。

货币政策国际协调的机制应着眼于长期战略目标的实现，但在协调的具体谈判中，协调双方如果能够做出具体安排，将有利于协调各方取得国内的支持、保证协调谈判的平稳持续发展。把握协调时机时，既要通过短期、具体问题的磋商来降低居民的短期风险预期，又要控制经济运行风险降低居民的长期风险预期。如果协调中涉及重新划分经济利益，想要达成具体的安排又注定是困难重重的。中国对外贸易的实践充分证明，那些之前一致赞同发展对华贸易的国家在涉及具体问题时往往意见很多。要想改善这种局面，最大限度地降低危害，最大限度地获得实际进展，货币政策的协调各方都要遵循相应的原则，努力寻求协调方国内都赞成的方式，尤其是如果需要某一方做出较大的调整、对某一协调方潜藏较大冲击的措施更要积极寻找合适时机。

三 丰富协调层次

在货币政策的国际协调中，一共存在六种协调的层次，分别是"经济信息交换的政策协调、危机管理的政策协调、避免共同经济目标的冲突、合作确定中介目标、部分协调、宏观经济政策的全面协调"。[①] 上述六个方面共同构成了货币政策国际协调的丰富内容。在货币政策的国际协调中，应该建立起一种多层次、多部门共同参与的协调模式，充分将各部门和经济主体的利益结合起来，形成层次丰富的协调机制，推动货币政策国际协调向更深入的层次发展。

四 在国际规则制定中发挥作用

我国经济发展面临的最基本的制度环境就是当今的国际经济体制。积极参与国际经济体制改革是我国经济外交中最有挑战性、最有战略意义的活动。国际经济秩序的核心包括国际贸易体系、国际货币体系以及国际发展援助体系。中国在自身利益的驱动下要求对国际经济秩序进行改革，但是，这种改革必须具有建设性、包容性，并且能够反映出中国作为一个大国的责任。随着中国国际经济地位的提高，我国应采取更加主动积极的态度面对国际经济规则。首先，要争取在国际经济规则程序制定中掌握主动权。其次，要加强中国在国际经济组织制定规则中的工作力度，要积极参与和引导作为主要国际经济规则制定者和执行载体的世界贸易组织、国际货币基金组织、世界银行、国际清算银行等关于规则制定的讨论，积极推动这些机构的改革。

第五节 积极参与区域货币政策协调

中国作为亚洲经济转型国家的代表，目前的人均 GDP 仍处于比较低的水平。但同时也应该看到，我国又是亚洲乃至世界经济增长最迅速的国家，中国不断增长的经济规模和不断扩大的国内市场使我们在亚洲乃至世界的舞台上都有较大的发言权。无论是从我国在

---

① 韩丽娜、李炜光：《国际经济政策协调理论、方案与当前制度安排》，《贵州财经学院学报》2003 年第 6 期。

亚洲的地位还是从我国自身发展的需要出发，我们都必须责无旁贷地积极推进货币政策的区域协调。

一 强化自身经济发展

改革开放以来，中国的经济增长保持了较快的速度，综合国力不断增强。但从本质上说，我国仍然是相对落后的发展中国家，是市场经济体制尚不够完善的处于转型期的国家。加入世界贸易组织，中国在获得发展机遇的同时，也面临着很多挑战。尤其在金融领域，中国目前还有很多亟待解决的问题。除此之外，我国依然短缺高端金融人才，金融工具偏少，金融监管水平低下，存在金融腐败。中国金融行业面临的风险和压力仍然较大。对此，我们应该积极树立危机意识，通过深化改革除旧布新，不断提高金融监管水平。在发展货币政策国际协调的基础上，我们必须继续促进各项经济事业的稳步健康快速发展，不断强化自我。只有金融行业有稳固的基础，货币政策才有参与国际协调的能力。

二 吸取日元教训推动人民币亚洲化

在中国经济快速增长和综合国力不断壮大的背景下，人民币的国际地位也得到了迅速提升，"人民币的影响力在变得越来越大，并将可能成为亚洲的地区性货币，成为继美元、欧元、日元之后的第四种全球性货币①，人民币正走向国际金融舞台的前沿，世界的经济增长与人民币休戚相关"。1997年亚洲金融危机期间，中国的人民币顶住了强大的贬值压力，赢得了亚洲乃至整个国际社会的信任。进入21世纪以来，中国在促进亚洲地区的货币政策协调方面做出了巨大的努力，受到了广泛的好评。这些举措都促进了人民币地位的提升，但是，也反映出人民币获得如此的名望和影响是来之不易的。今天，我们在参与货币政策的区域协调中，必须抓住机遇，发挥优势，促进人民币走向亚洲化与国际化。

在人民币区域化道路上，我们要虚心吸取日元的经验。日本也

---

① 香港《远东经济评论》2006年6月。

曾大力推动日元的国际化，但是却没能够最终实现理想，究其原因，主要是日本选择了直接的货币国际化道路，即通过建立欧洲日元市场和国内的离岸金融市场来直接实现日元的国际化。但是，由于当时的日本不具备区域化的制度基础，结果不但没能实现日元的国际化，反而对日元在亚洲地区的地位和作用造成了负面影响。相反，德国通过区域经济合作尤其是区域货币合作选择了一条间接的货币国际化道路。德国通过首先确立马克在欧洲的关键货币地位，使马克成为区域合作的锚货币，通过欧洲共同体的力量实现了马克的国际化。通过对比分析可知，人民币的国际化进程也应该铭记日元的经验教训，效法德国马克的间接的国际化之路可能更为适合。

与日本国际化的环境不同，当前人民币已经初步具备了走向国际化尤其是亚洲化的条件。第一，中国经济在亚洲经济中的地位不断提高，是亚洲地区主要的经济增长动力之一。尤其是在对外贸易方面，中国是亚洲地区最大的进口国，因此，亚洲区域内的国家具备增大人民币需求的基础。第二，我国的对外开放进程仍在持续。从前文对中国经济对外开放度测量中可以看出，无论是在开放广度还是开放深度上，无论是在贸易开放度还是在金融开放度上，中国已经处于世界前列，甚至超过了某些欧元国家。这充分说明人民币已经具备了亚洲化的客观条件。第三，在与中国有密切经济往来的周边国家和地区中，人民币的欢迎程度和接受程度越来越高，在广泛的区域中人民币都实现了自由的流通，这都说明人民币已经具备了比较普遍的国际接受性。综上所述，人民币在过去几年间在亚洲地区已经具备相当的知名度，亚洲地区对人民币的好感度和信任感不断增加。

目前，人民币实施亚洲化战略，我们要更新思维决策，不再囿于国家的地理概念，从区域协调的角度出发，制定经济发展战略，从区域经济发展的战略角度，主导人民币亚洲化。同时，正确处理我国和周边国家的利益关系，以获得信任共赢的良好局面。

人民币的区域化进程要加强人民币与日元的协调。在整体层面，中日应该加强三个层次的协调合作，一是共同促进 CMIM 的机制建设，推动 AMF 的建设发展，共同强化区域金融监管。二是加强两国在汇率政策的协调，促进两国汇率的稳定。三是要发育和完善区域金融市场，共同促进 ACIF 的建立与发展，协调以对方货币计价或两种货币共同计价的国际债券的发行与交易。在局部层面，中日两国应该通过在 AMF 等区域金融机构中的合作，协助对方管理境外货币流通。同时加大两国货币互换的规模，增加对方货币在本国外汇储备中的比重。共同建设对方的离岸金融中心。总之，应该积极推进中日的货币合作，只有这两个亚洲大国都具有高度的责任感和共同的使命感，亚洲货币的区域合作才能迎来一个崭新的时代。

三 参与机制建设夯实区域合作基础

亚洲地区经济发展有一些普遍的特点，即虽然经济发展水平存在巨大差异、各国的政治体制各不相同、各国的意识形态千差万别，但经济结构却存在趋同性。这种趋同就必然会导致在国际市场上的非良性竞争，特别是考虑到亚洲国家间的历史积怨，更注定了亚洲货币协调不可能顺利地实现，人民币的区域化将会注定是一个漫长曲折的过程。在这种局面下，要从具体情况出发，亚洲的区域货币合作只能依据循序渐进的原则，从最低层次开始逐步提高。当前比较有现实意义的工作，一是要建立应对危机的区域性救援机制；二是要完善区域汇率制度安排。可以说，《清迈协议》在一定程度上体现了第一方面的内容，现在的问题是采取什么措施进一步完善。后一方面的内容将可能是建立一种类似欧洲货币体系的汇率机制。

《清迈协议》所达成的货币互换有助于更好地控制区域内的资本联动，实现经济监督机制的充分协调，但还属于一种初级的合作方式，随着《清迈协议》规定的货币互换机制的扩大，必将出现体制化的区域货币合作。其中，建立亚洲货币基金的方案必将被重新提出。这一区域组织主要实现三个功能，分别是紧急融资、监测预警和分析咨询。其中监测预警功能依赖于协调的监测和预警机制。

作为长期目标，亚洲地区也可能会仿照欧洲模式逐步建立起亚洲的中央银行，发行亚洲统一货币。从此往后，在亚洲货币合作的过程中将面临繁重的制度建设任务。中国要充分利用一切机会主动地参与机制规划与建设，发挥负责任大国的作用，为更高层次的合作夯实基础。

四 增强亚洲国家间的互信

历史原因造成了亚洲的地缘政治比较复杂。比如，日本与亚洲邻国尤其是中国、朝鲜、韩国矛盾频繁。中国与大多数亚洲邻国的社会制度存在根本差异，意识形态的千差万别，亚洲邻国对中国的恐惧和猜忌仍然存在。在这样的背景下，中国的行动可能会使周边国家敏感，甚至感到威胁。亚洲国家大多经历过殖民统治，对大国在政治上存在明显的排斥与抗拒。美国出于其自身全球战略和地区战略的考虑又不断插手亚洲事务，使亚洲地区的政治关系更加复杂。政治上的不信任延迟了亚洲经济金融的合作。欧洲的成功经验表明，高度互信，解决政治分歧，实现政治和解是实现区域一体化、建立货币同盟的必要条件。中国作为世界上最大的发展中国家，是和平共处五项原则的倡导者之一，中国也一贯奉行和平外交政策，努力维护地区和世界的和平稳定。在推进亚洲经济合作的过程中，中国同样要致力于创造睦邻、安邻、富邻的方针政策，为加强区域经济合作创造有利的政治基础。

同时，我们应该站在战略的高度上来认识和化解"中国威胁论"。一方面，低调处理中国经济的发展和实力的增强；另一方面，要以实际行动表明，中国经济的发展有利于亚洲经济甚至世界经济的发展。发挥我国作为市场提供者的优势，通过开放国内的市场让周边国家获益。同时，在推动地区经济合作中，要从实际出发，适当地让渡某些权益。总而言之，在促进亚洲地区的经济合作中，我们要不断释放诚意，把对中国的担忧变成信心，把认为中国的威胁变成协调各方获利的源泉。

第六节　充分重视货币政策国际
协调与经济主权的关系

经济主权是国家主权体系的重要组成部分，与政治主权、文化主权不同，经济主权强调的是一国政府行使经济管理的独立权，特别是与其他国家发生经济关系时的自主权和决策权。"经济主权包括：政府对其土地、自然资源享有的永久所有权、使用权、处置权；按照本国的利益和意志选择发展道路、发展计划；自主运用各种宏观经济政策，发行货币，确定汇率，征税，执行外贸外资政策；自主管理在国境内的跨国公司和其他经济机构的活动，自主安排国际经济合作。"① 经济主权的含义是不断抽象、向前发展的，因为国际经济组织力量的壮大而发生了变化。今天的经济主权主要是指对国内经济活动主体的独立控制和管理权，对各种经济政策的制定、实施和调整权等。

20 世纪 50 年代后，与世界经济关系的复杂化趋势一致，经济主权领域也发生了让渡现象。"所谓的经济主权让渡，是指一国的经济主权因为国际经济政策协调的必要而出现的部分自主权的退让。具体表现为：一是制定经济政策的独立性权力部分退让，受到某些经济大国或国际经济组织的制约。这种经济主权的让渡往往是一国经济出现危机后，需要某些经济大国或国际经济组织的帮助而不得已为之。例如，1997 年东南亚危机发生后，国际货币基金组织和美国对泰国、韩国等国提出的援助计划就要求它们的经济政策必须改变。二是一国宏观经济政策、工具及其使用范围、效果相对减弱。例如，欧盟经济体发展的历程表明，各成员国的财税和货币主

① 陈全功、程躞：《国际宏观经济政策协调与经济主权问题》，《武汉科技大学学报》2003 年第 6 期。

权已逐步让渡给超国界的欧盟协调机构。三是一国政府在经济方面的控制权、监督权部分让渡给国际经济协调机构，有时国际经济规则、地区经济规则比一国政府的政策更有效。例如，欧盟各成员国把货币政策的制定权交给了欧洲中央银行，放弃货币发行权。"①

货币政策国际协调的发展必然伴随着经济主权让渡问题。随着现代经济的发展，各国普遍开始注重运用货币政策来对宏观经济的运行进行调节。但在现实中，各国所运用的货币政策往往可能会引发国际经济矛盾，货币政策在国际范围内的协调就成为必要。货币政策的国际协调需求意味着一国在制定货币政策的时候，不仅仅需要考虑自身的内外平衡，还要综合考虑世界经济运行状况、发达国家采取的货币政策、国际经济组织制定的相关规则，特别是需要考虑与自身有密切经济往来的国家的货币政策。在当今世界中，无论是积极主动地适应经济环境，还是消极被动地通过谈判达成协议，任何国家都不能完全按照自己的意愿来制定最优货币政策，妥协和让步是使货币政策协调能够实现的必要条件。这同时意味着，让渡一定的经济主权是货币政策国际协调实现的前提。20世纪50年代以来，国际经济关系能够保持相对平稳的格局，各国在经济主权上的让渡发挥了不可忽视的作用。例如，布雷顿森林体系的维持、20世纪70年代治理普遍的通货膨胀、现代国际贸易协调机制的形成等都是各国在激烈的谈判、不断讨价还价以及让步中达成的。

但是，经济主权的让渡必须有限度，这也就是各国在对待货币政策国际协调的态度反反复复的原因所在。要达成任何一项货币政策的国际协调，都要历经反复的权衡和艰苦卓绝的谈判。因为经济主权的原因，货币政策的国际协调往往可能无法达成。为了更好地处理经济主权让渡和货币政策国际协调的关系，各国创造出了丰富的协调形式、成立了多个协调机构。目前，促进货币政策国际协调顺利实现的国际经济组织主要包括国际货币基金组织、世界银行

---

① 佟福全、李玉平：《当代资本主义宏观经济调节》，中国物价出版社1992年版。

等。它们所采用的主要协调形式包括首脑会议、财长会议、国际经济组织会议中的协商谈判等。各国在协调中综合分析国内国际经济形势，在满足国家利益的基础上，让渡一部分的经济主权，从而实现了货币政策的国际协调。

中国在融入世界主流经济体系的过程中，经济管理的独立权也存在一定程度的弱化，也面临着正确处理货币政策国际协调与经济主权让渡之间的关系问题。这一问题在当前的中国主要表现在以下五个方面：一是在经济体制向现代主流的市场经济体制改革的过程中，在现代市场经济体制的完善过程中，我国只能参照发达国家的做法；二是深入改革金融货币政策体系，利率、汇率等参数的作用增强，资本的流动变大，其他国家的货币政策必然会通过多种渠道对我国的经济运行产生巨大影响；三是为了更加适应市场经济体制的要求，我国对产业政策进行了很大调整，农业和服务业将逐步开放，我国经济运行的微观基础将更容易受到来自外部经济的冲击；四是对外贸易壁垒大大减少；五是政策监督体系渐渐融入国际经济组织和他国的力量，我国在实施货币政策时将更容易受到外部条件的约束。

应该正确认识上述形式的经济主权让渡，它们中的大多数是建立和完善现代主流市场经济体制的必要条件，这种形式的经济主权让步将对我国的经济建设产生积极作用。在金融体系改革历程中、在主导产业开放进程中、在贸易政策让步过程中的经济主权让步是我国融入世界经济体系不可避免的步骤。我国在经济管理权上的一些让步并不触及整个经济政策的决定权，只是兼顾了世界经济形势，我国的经济主权并未丧失。随着我国经济与世界经济联系的加强，我们在货币政策的国际协调中更重视经济主权让渡的问题。第一，要坚持社会主义的基本方向不变。社会主义市场经济方向要体现在经济领域内，要坚持生产资料公有制不放松，要建立更加完善的社会保障体系，中央和地方的经济权力要实现统一与分权相结合，政府的货币政策调控具有实效性。第二，倾向于保护本国长远的经济利益，注重货币政策的有限协调与融合。这里所说的货币政策的有限协调和融合是指在特定经济时期、特定经济运行背景下进行货币的国际协调和国际融合，而不是整个宏观经济政策完全的同步和一致。在国际宏观经济政策互动影响不断增强的背景下，货币政策国际协调要以国内的经济目标为主，不要因为协调而忽视国内的经济目标，关系到长远经济利益的货币政策工具绝不能轻易动摇。第三，坚持以我为主，注意把握货币政策国际协调中的独立性。在与他国进行磋商、决定协调的货币政策过程中，不能被经济霸权主义影响。只有在充分认清哪些货币政策国际协调会影响到经济主权，哪些有利于维护经济主权，才能做到货币政策既与世界经济协调配合，又维护了本国的经济主权。

第七节　货币政策国际协调在宽松政策退出背景下的思考

在当前各国经济都面临宽松货币政策退出的环境下，协调无疑是更优的策略。对各发达经济体而言，金融危机几乎是同时爆发的，这就有助于各国通过协作（Cottarelli and Vinals，2009）的方式来实施一些新的政策和举措。协调退出问题较之危机时期的合作显得更为复杂，而目前关于这一问题的具体建议并不多，因此，针对如何协调退出问题进行讨论就显得非常必要。

第一，各国应就各项重大经济问题加强信息沟通和交换看法，包括本国和世界未来经济走势、通货膨胀预测及资产价格的判断等，并预先告知下一步的政策选择。通过这种协调，各国中央银行之间能够知晓态度，共享决策信息，从而有助于各国政策协调性和整体货币政策效果的提高。FSB（2009）认为，预先告知能对其他当局的政策选择产生积极影响，并为其联合行动和下一步协调奠定基础；而这种相关政策一致性的形成，也将有助于促进金融市场的稳定和发展。

第二，由于各国经济周期的不一致，各国中央银行的协调并不意味着同时一起退出（当然，在经济一体化程度较高的情况下，一些国家也可能一起行动），更重要的是，在综合考虑各国差异、自身实际和世界整体经济形势的基础上，保持退出方向的一致性、退出节奏的衔接性，以及退出安排上的相互呼应。加强中央银行宽松货币政策退出的协调，包括退出的先后顺序、大致时间及主要的政策措施等内容，协调达成的方案，应力求兼顾经济复苏与抑制通胀的经济目标，平衡本国与他国的利益。

第三，联系程度不同的经济体之间退出协调的必要性有所区别。紧密的政策协调通常适用于一体化程度较高的经济体之间，而在更广的范围内则无此必要，类似于交换信息和政策动向等较松散的协调即可。此外，若相互协作发生于重要中央银行之间，则其紧密程度要求应该更高一些，而在更大范围内，只要保持方向上的一致性即可。

第四，退出协调因货币政策领域的差异而有所不同。各国中央银行的国际协调应集中于政策溢出效应较高的货币政策领域，这主要是指一些能对长短期利率产生影响的政策（如中央银行购买国债、利率调整等）；而在政策溢出效应较低的一些领域，包括对金融机构进行救助等财政性措施和流动性便利等向市场提供流动性的措施，各国中央银行的决策权应较为自主。

参考文献

[1] 艾洪德、范立夫：《货币银行学》，东北财经大学出版社 2005 年版。

[2] 安佳：《美国货币政策周期对区域经济发展的影响》，《东岳论丛》2006 年第 3 期。

[3] 奥布博斯特菲尔德、肯尼斯·罗戈夫：《高级国际金融学教程》，中国金融出版社 2002 年版。

[4] 白钦先：《金融可持续发展研究导论》，中国金融出版社 2001 年版。

[5] 陈彪如：《国际货币体系》，华东师范大学出版社 1990 年版。

[6] 陈彪如：《国际金融概论》，华东师范大学出版社 1996 年版。

[7] 陈彩虹：《关于统一货币问题》，《经济研究》1998 年第 10 期。

[8] 陈彩虹：《国际中央银行能够建立吗?》，《国际经济评论》1999 年第 11 期。

[9] 陈飞、赵昕东、高铁梅：《我国货币政策工具变量效应的实证分析》，《金融研究》2002 年第 10 期。

[10] 陈全功、程蹊：《开放条件下我国货币政策的国际协调》，《财经研究》2003 年第 11 期。

[11] 陈岩：《国家金融战略》，经济管理出版社 2004 年版。

[12] 陈雨露、周晴：《资本项目开放度和实际利差分析》，《金融研究》2004 年第 7 期。

[13] 陈云华：《开放经济条件下我国货币政策的国际协调》，《财经科学》2003 年第 6 期。

[14] 成新轩:《欧盟经济政策协调制度的变迁》,中国财政经济出版社 2003 年版。

[15] 戴金平:《国际金融前沿发展》,天津人民出版社 2000 年版。

[16] 樊勇明:《西方国际政治经济学》,上海人民出版社 2001 年版。

[17] 方先明、裴平、张谊浩:《外汇储备增加的通货膨胀效应和货币冲销政策的有效性——基于中国统计数据的实证检验》,《金融研究》2006 年第 7 期。

[18] 冯春平:《货币供给对产出与价格影响的变动性》,《金融研究》2002 年第 7 期。

[19] 顾履宪:《欧元区货币政策是否渗透着"美国因素"?》,《中国外汇》2007 年第 5 期。

[20] 韩丽娜、李炜光:《国际经济政策协调理论、方案与当前制度安排》,《贵州财经学院学报》2003 年第 6 期。

[21] 胡祖六:《资本流动、经济过热和中国名义汇率制度》,《国际金融研究》2004 年第 7 期。

[22] 黄达:《货币银行学》,中国人民大学出版社 1999 年版。

[23] 黄金竹:《论国际经济政策协调》,《经济学家》2004 年第 1 期。

[24] 黄泽民:《浮动汇率与金融政策》,上海人民出版社 1997 年版。

[25] 黄泽民:《国际货币制度与国际金融政策协调》,《世界经济》1990 年第 1 期。

[26] 黄泽民:《中央银行学》,立信会计出版社 2001 年版。

[27] 贾俊雪、郭庆旺:《经济开放、外部冲击与宏观经济稳定——基于美国经济冲击的影响分析》,《中国人民大学学报》2006 年第 6 期。

[28] 姜波克、傅浩、钱钢:《开放经济下的政策搭配》,复旦大学出版社 1999 年版。

[29] 姜波克:《国际金融学》,高等教育出版社 1999 年版。

[30] 蒋瑛棍、刘艳武、赵振全:《货币渠道与信贷渠道传导机制有效性的实证分析——兼论货币政策中介目标的选择》,《金融研究》2005 年第 5 期。

[31] 经济增长前沿课题组:《国际资本流动、经济扭曲与宏观稳定——当前经济增长态势分析》,《经济研究》2005 年第 4 期。

[32] 孔祥毅等:《百年金融制度变迁与金融协调》,中国社会科学出版社 2002 年版。

[33] 孔祥毅、张中平等:《山西金融机制创新研究》,山西经济出版社 2006 年版。

[34] 孔祥毅:《宏观金融调控理论》,中国金融出版社 2003 年版。

[35] 孔祥毅:《金融协调的若干理论问题》,《经济学动态》2003 年第 10 期。

[36] 雷志卫:《欧洲货币联盟的理论基础与运作机制》,中国金融出版社 2000 年版。

[37] 李斌:《中国货币政策有效性的实证研究》,《金融研究》2001 年第 7 期。

[38] 李天德、刘爱民:《世纪之交国际汇率体系的发展方向:灵活的汇率约定与政策协调》,《世界经济》2000 年第 10 期。

[39] 李晓鹏:《人民币汇率制度改革的背景及展望》,《金融论坛》2005 年第 8 期。

[40] 李雪松:《博弈论与国际货币政策协调》,中国金融出版社 2000 年版。

[41] 李扬、黄金老:《金融全球化研究》,上海远东出版社 2000 年版。

[42] 李云林:《美国货币政策运用的八年实证》,《宏观经济管理》2007 年第 8 期。

[43] 刘斌:《货币政策冲击的识别及我国货币政策有效性的实证分

析》,《金融研究》2001 年第 7 期。

[44] 刘斌:《我国货币供应量与产出、物价间相互关系的实证研究》,《金融研究》2002 年第 7 期。

[45] 刘海龙、金桩:《非对称冲击下的国际货币政策协调博弈分析》,《贵州财经学院学报》2003 年第 4 期。

[46] 刘积余:《国际金融政策协调与世界经济的可持续发展》,《国际金融研究》2000 年第 4 期。

[47] 刘明志:《货币供应量和利率作为货币政策中介目标的适用性》,《金融研究》2006 年第 1 期。

[48] 罗纳德·麦金农:《美元与日元:化解美日两国的经济冲突》,上海远东出版社 1999 年版。

[49] 钱行:《通货膨胀国际间传导的实证检验》,《数量经济技术经济研究》2006 年第 11 期。

[50] 盛朝晖:《中国货币政策传导渠道效应分析:1994—2004》,《金融研究》2006 年第 7 期。

[51] 宋晓峰:《国际货币的竞争稳定》,《世界经济研究》2004 年第 3 期。

[52] 宋新宁、陈岳:《国际政治经济学概论》,中国人民大学出版社 1999 年版。

[53] 苏长和:《全球公共问题与国际合作:一种制度的分析》,上海人民出版社 2000 年版。

[54] 孙立坚、江彦:《关于中国"通缩出口"论的真伪性检验》,《经济研究》2003 年第 11 期。

[55] 孙立坚、孙立行:《对外开放和经济波动的关联性检验——中国和东亚新兴市场国家的案例》,《经济研究》2005 年第 6 期。

[56] 孙明华:《我国货币政策传导机制的实证分析》,《财经研究》2004 年第 3 期。

[57] 谈世中:《中国金融开放的战略抉择》,社会科学文献出版社

2002 年版。

［58］田素华:《国际资本流动与货币政策效应》,复旦大学出版社 2008 年版。

［59］屠启宇:《制度创新:货币一体化的国际政治经济学》,上海社会科学出版社 1999 年版。

［60］王广谦:《20 世纪西方货币金融理论研究:进展与述评》,经济科学出版社 2003 年版。

［61］王国松:《通货紧缩下我国货币政策传导的信贷渠道实证分析》,《统计研究》2004 年第 5 期。

［62］王胜、邹恒甫:《开放经济中的泰勒规则——对中国货币政策的检验》,《统计研究》2006 年第 3 期。

［63］王伟旭、曾秋根:《警惕美国的第二次阴谋》,人民日报出版社 2003 年版。

［64］王逸舟:《西方国际政治学:历史与理论》,上海人民出版社 1988 年版。

［65］王在帮:《霸权稳定论批判:布雷顿森林体系的历史考察》,时事出版社 1994 年版。

［66］吴照银:《中美经济政策的传导》,《国际金融研究》2003 年第 3 期。

［67］夏林:《经济政策的国际协调》,《国际金融研究》2001 年第 4 期。

［68］谢平、罗雄:《泰勒规则及其在中国货币政策中的检验》,《经济研究》2002 年第 3 期。

［69］谢平、张晓朴:《货币政策与汇率政策的三次冲突——1994—2000 年中国的实证分析》,《国际经济评论》2002 年第 3 期。

［70］邢天才:《20 世纪大危机》,陕西财经大学出版社 2009 年版。

［71］邢天才、田蕊:《开放经济条件下我国资产价格与货币政策目标关系的实证分析》,《国际金融研究》2010 年第 12 期。

［72］易纲、汤弦:《汇率制度"角点解假设"的一个理论基础》,

《金融研究》2001 年第 8 期。

[73] 张玉柯:《论国际经济协调的理论基础》,《河北大学学报》2001 年第 1 期。

[74] 张蕴岭:《世界经济中的相互依赖关系》,经济科学出版社 1989 年版。

[75] 钟伟、张明:《国际货币的逆效合作理论述评》,《经济学动态》2001 年第 4 期。

[76] Agenor, P. R. , "Capital Inflows, External Shocks, and the Real Exchange Rate", *Journal of International Money and Finance*, No. 17, 1998, pp. 713 – 740.

[77] Andersen, T. , Beier, N. , "International Transmission of Transitory and Persistent Monetary Shocks under Imperfect Information", *Journal of International Economics*, No. 66, 2005, pp. 485 – 507.

[78] Basse, T. , "Floating Exchange Rates and Inflation in Germany: Are External Shocks Really Irrelevant", *Economics Letters*, No. 93, 2006, pp. 393 – 397.

[79] Bernanke, B. , Blinder, A. , "The Federal Funds Rate and the Channels of Monetary Transmission", *American Economic Review*, Vol. 82, No. 4, 1992, pp. 901 – 921.

[80] Bernanke, B. , Mihov, I. , "Measuring Monetary Policy", *Quarterly Journal of Economics*, Vol. 113, No. 3, 1998, pp. 869 – 902.

[81] Betts, C. , Devereux, M. , "Exchange Rate Dynamics in a Model of Pricing – to – Market", *Journal of International Economics*, No. 50, 2000, pp. 215 – 244.

[82] Boileau, M. , "Growth and the International Transmission of Business Cycles", *International Economic Review*, Vol. 37, No. 4, 1996, pp. 737 – 756.

[83] Bordo, M. , Murshid, A. , "Globalization and Changing Patterns

in the International Transmission of Shocks in Financial Markets",
Journal of International Money and Finance, No. 25, 2006,
pp. 655 – 674.

[84] Burdenkin, R., Burkett, P., "The Impact of US Economic Varia-
bles on the Bank of Canada: Direct and Indirect Responses", *Journal
of International Money and Finance*, No. 11, 1992, pp. 162 – 187.

[85] Burdenkin, R., "International Transmission of U. S. Macroeconom-
ic Policy and the Inflation Record of Western Europe", *Journal of
International Money and Finance*, No. 8, 1989, pp. 401 – 424.

[86] Campoy, J., Negrete, J., "A Decentralized and State – inde-
pendent Mechanism for Internalizing International Monetary Policy
Spillovers", *Economics Letters*, No. 94, 2007, pp. 326 – 331.

[87] Cardia, E., "The Dynamics of a Small Open Economy in Response
to Monetary, Fiscal, and Productivity Shocks", *Journal of Interna-
tional Economics*, No. 28, 1991, pp. 411 – 434.

[88] Cheung, D., Hung, B., "The International Transmission of US,
Eurodollar and Asian Dollar Interest Rates: Some Empirical Evi-
dence", *Pacific – Basin Finance Journal*, No. 6, 1998, pp. 77 –
86.

[89] Chow, G., Shen, Y., "Money, Price Level and Output in the
Chinese Macro – Economy", *Asia – Pacific Journal of Accounting
and Economics*, Vol. 2, No. 12, 2005, pp. 91 – 111.

[90] Christiano, L., Eichenbaum, M., Evans, C., "The Effects of
Monetary Policy Shocks: Evidence from the Flow of Funds", *Re-
view of Economics and Statistics*, No. 78, 1996, pp. 16 – 34.

[91] Christiano, L., Eichenbaum, M., Evans, C., "Sticky Price
and Limited Participation Models of Money: A Comparison", *Euro-
pean Economic Review*, No. 41, 1997, pp. 1201 – 1249.

[92] Chung, J., "Monetary Interdependence among G – 3 Countries",

Applied Economics, No. 25, 1993, pp. 681 – 688.

[93] Clarida, R., Gali, J., Gertler, M., "A Simple Framework for International Monetary Policy Analysis", *Journal of Monetary Economics*, No. 49, 2002, pp. 879 – 904

[94] Clarida, R., Gali, M., "Sources of Real Exchange Rate Fluctuations: How Important Are Nominal Shocks", *Carnegie – Rochester Series on Public Policy*, No. 41, 1994, pp. 1 – 56.

[95] Cochrane, J., Piazzesi, M., "The Fed and Interest Rates—A High Frequency Identification", *American Economic Review*, No. 92, 2002, pp. 90 – 101.

[96] Holman, J., Neumann, R., "Evidence on the Cross – Country Transmission of Monetary Shocks", *Applied Economics*, No. 34, 2002, pp. 1837 – 1857.

[97] Holman, J., Rioja, F., "International Transmission of Anticipated Inflation under Alternative Exchange – Rate Regimes", *Journal of International Money and Finance*, No. 20, 2001, pp. 497 – 519.

[98] Hutchi son, M., Walsh, C., "Empirical Evidence on the Insulation Properties of Fixed and Flexible Exchange Rates: The Japanese Experience", *Journal of International Economics*, No. 32, 1992, pp. 241 – 263.

[99] Kim, S., Roubini, N., "Exchange Rate Anomalies in the Industrial Countries: A Solution with a Structural VAR Approach", *Journal of Monetary Economics*, No. 45, 2000, pp. 561 – 586.

[100] Kim, S., "Do Monetary Policy Shocks Matter in the G – 7 Countries? Using Common Identifying Assumptions about Monetary Policy across Countries", *Journal of International Economics*, No. 48, 1999, pp. 387 – 412.

[101] Kim, S., "International Transmission of U. S. Monetary Policy Shocks: Evidence from VAR's", *Journal of Monetary Economics*,

No. 48, 2001, pp. 339 – 372.

[102] Lastrapes, W., Koray, F., "International Transmission of Aggregate Shocks under Fixed and Flexible Exchange Rate Regimes: United Kingdom, France, and Germany, 1959 to 1985", *Journal of International Money and Finance*, No. 9, 1990, pp. 402 – 423.

[103] Mackowiak, B., "External Shocks, U. S. Monetary Policy and Macroeconomic Fluctuations in Emerging Markets", *Journal of Monetary Economics*, No. 9, 2007, pp. 2512 – 2520.

[104] Miyakoshi, T., Jalolov, M., "Money – Income Causality Revisited in EGARCH Spillovers of Monetary Policy to Asia from the US", *Journal of Asian Economics*, No. 16, 2005, pp. 299 – 313.

[105] Sacks, J., "The Current Account in the Macroeconomic Adjustment Process", *Scandinavian Journal of Economics*, No. 84, 1982, pp. 147 – 159.

[106] Schlagenhauf, D., Wrase, J., "Liquidity and Real Activity in a Simple Open Economy Model", *Journal of Monetary Economics*, No. 35, 1995, pp. 431 – 461.

[107] Schmidt, C., "International Transmission Effects of Monetary Policy Shocks: Can Asymmetric Price Setting Explain the Stylized Facts?", *International Journal of Finance and Economics*, No. 11, 2006, pp. 205 – 218.

[108] Sheehan, R., "U. S. Influences on Foreign Monetary Policy", *Journal of Money, Credit and Banking*, Vol. 4, No. 24, 1992, pp. 447 – 464.

[109] Sheehan, R., "Does U. S. Money Growth Determine Money Growth in the Other Countries?", *Federal Bank of St. Louis Review*, No. 69, 1987, pp. 5 – 14.

[110] Sims, C., Zha, T., "Error Bands for Impulse Responses", *Econometrics*, No. 67, 1999, pp. 1113 – 1155.

[111] Sims, C. , "Are Forecasting Models Usable for Policy Analysis?", *Federal Reserve Bank of Minneapolis Quarterly Review*, No. 10, 1986, pp. 2 – 16.

[112] Sims, C. , "Interpreting the Macroeconomic Time Series Facts: The Effects of Monetary Policy", *European Economic Review*, No. 36, 1992, pp. 975 – 1000.

[113] Stam, A. , DeLorme, Jr. C. , Fintenstadt, B. , "Cross National Money – Income Causality for the Floating Exchange Rate Period: Has the Influence of U. S. and German Money Persisted?", *Journal of Macroeconomics*, No. 13, 1991, pp. 207 – 237.

[114] Stam, A. , DeLorme, Jr. C. , Fintenstadt, B. , "Cross National Money – Income Causality for the Floating Exchange Rate Period: Has the Influence of U. S. and German Money Persisted?", *Journal of Macroeconomics*, No. 13, 1991, pp. 207 – 237.